600

AF823222

INTRODUCCIÓN AL PERIODISMO

Información y conciencia

Colección Ciencias Sociales, 4

A la memoria de mi madre, Manuela García

INTRODUCCIÓN AL PERIODISMO

Información y conciencia

Vicente Romano

EDITORIAL TEIDE/BARCELONA

La colección *Ciencias Sociales* está dirigida por

FRANCESC HERNÁNDEZ, profesor de Sociología de la Universidad Autónoma de Barcelona, y

FRANCESC MERCADÉ, profesor de Sociología de la Universidad de Barcelona.

Diseño cubierta: Julio Vivas

© 1984, Vicente Romano

Editorial Teide, S. A. - Viladomat, 291 - Barcelona, 29

ISBN: 84-307-7449-1 Printed in Spain

Gràfiques Universitat, S. A. - Arquímedes, 3 - SANT ADRIÀ DEL BESÓS

Dipòsit Legal B. 1.006/84

Introducción

You may fool all the people some of the time; you can even fool some of the people all the time, but you can't fool all the people all the time.

Abraham Lincoln

«Cabe que engañes a todos por algún tiempo; incluso puedes engañar a algunos todo el tiempo, pero no puedes engañar a todos todo el tiempo». — A. Lincoln.

Wirklichkeit ist der fortschrittlichste Bewusstseinveränderer... Wenn man die gesellschaftliche wirklichkeit zeigt, wie sie ist, zeigt man damit auch, was geändert werden muss.

E. A. Rauter

«La realidad es el modificador más progresista de la conciencia... Cuando se muestra la realidad tal cual es, se muestra al mismo tiempo lo que hay que modificar en ella». — E. A. Rauter.

Se suele afirmar que el hombre vive ya en la «sociedad informada», significando con esta expresión el nivel de organización de la sociedad y la abundancia y diversidad de información existentes en la actualidad. Gracias a ella y a la predominante concepción científica del mundo, el hombre puede dirigir conscientemente el proceso de desarrollo.

Sin embargo, a pesar de estas afirmaciones optimistas, hay muchos que se preguntan si el hombre, sobre todo lo que se llama el hombre de la calle, está real y correctamente informado, a pesar de la libertad de información y expresión garantizadas en las constituciones democráticas. Hay quien opina, como K. Jaspers, que si no se está bien informado, al menos sí puede llegar a vías para informarse mejor. Otros, como G. Schoenberner, no creen que nadie pueda afirmar en serio que está correctamente informado, aunque millones de personas lo afirmen a diario y así se lo imaginen.

Hay, por fin, quien piensa que todavía se vive en una situación en la que se oculta más que se revela, en donde no todas las cartas están boca arriba (P. Hübner).

Desde el punto de vista de la producción, cada año se suman aproximadamente siete mil millones de páginas impresas al flujo de información, sin tener en cuenta la prensa diaria ni la información radiotelevisada. Procesar y almacenar semejante masa de datos supone un esfuerzo gigantesco, sin mencionar siquiera su asimilación. No es de sorprender, por tanto, que la mayoría del material disponible en las bibliotecas, fonotecas, filmotecas, etc., se quede sin utilizar y que el trabajador científico medio apenas pueda conocer una décima parte de la bibliografía aparecida en su especialidad.

Con el desarrollo y complejidad progresiva de la sociedad humana han surgido, necesariamente, distintas esferas del saber. Otro tanto puede decirse de la producción de información. Su desarrollo ha producido necesariamente, la consiguiente división del trabajo y, por ende, la especialización.

En la producción de información periodística, la división del trabajo y el grado de desarrollo alcanzado por la especialización, exigen ya cierta reflexión sobre su necesidad y sus aspectos positivos y negativos.

Por un lado, la razón objetiva de la especialización radica en la necesidad de adaptación del pensamiento al tipo de objetos que se analizan y a sus movimientos. Esta **necesidad objetiva** viene impuesta por la progresiva complejidad de los procesos de producción material e intelectual y la necesidad de avanzar en los distintos campos del saber. Por otro lado, está la voluntad subjetiva de dominar los conocimientos de cada campo. Nada más lógico y natural que cada trabajador y cada científico sienta la **necesidad subjetiva** de dominar su campo especial de actividad.

Ciertamente, el especialista ahonda en su campo y sus conocimientos le permiten percibir aspectos de la realidad que pasan desapercibidos para el profano. Al transmitir sus conocimientos a los demás contribuyen de forma decisiva a la ampliación de conciencia de los otros. Éste es uno de los aspectos positivos de la especialización.

Ahora bien, la especialización tiene también su lado negativo. Spinoza decía que *Omnia determinatio est negatio*, o sea, que toda familiarización con los objetivos de un campo determinado encauza la mente por un camino que le impide abordar el movimiento de los objetos de otro campo. La especialización es, por tanto, un mal necesario, porque condiciona a los hombres y les impide ver lo que hacen sus vecinos.

A medida que se estrecha la parcela de especialización, los procesos que se perciben en ella tienden a tener sus conexiones y su causalidad fuera de ella. Y si no se conocen esas causas externas de la especialización, no se puede entender lo que ocurre alrededor del especialista. El cronista que sólo entiende de fútbol no puede entender lo que pasa dentro de su especialidad si no sale de su aislamiento y ve la interacción de su campo con el resto de los subsistemas sociales. La inasistencia de espectadores a los partidos de fútbol, por ejemplo, puede deberse, no sólo al bajo rendimiento de los jugadores, sino al creciente número de parados. Es decir, que las causalidades del campo de especialización están fuera de él.

De ahí que para que la especialización tenga sentido haya que intentar superarla con una concepción general del mundo, haya que elaborar un marco de la realidad en donde el especialista perciba cómo los objetos y su movimiento, la dinámica de su campo, conecta con los procesos y la dinámica de los campos más próximos al suyo. Así es como sus logros adquieren sentido dentro de la coherencia general de la realidad. Las ciencias individuales, la especialización, sirven, a su vez, de apoyo para descubrir las leyes generales de la realidad. Especialización y generalización no se excluyen la una a la otra, sino que pueden y deben ir unidas.

En otro orden de cosas, el marco general es, a la vez, el responsable de la conciencia que ayuda a entender el mundo. Más aún, sólo en la medida en que se tiene ese cuadro general se tiene también libertad para ordenar todos los estímulos que afluyen de la realidad y todos los logros obtenidos en la especialidad respectiva. El cuadro general que los organiza es la guía para la actividad especializada.

En los momentos actuales la ciencia en general y la del periodismo en particular, está cambiando de forma acelerada. De ser ciencia para hacer cosas, está pasando a ser un conocimiento de las repercusiones de la acción del hombre sobre la naturaleza, es decir, a una ciencia que tiene que prever las consecuencias próximas y lejanas de la apropiación material e intelectual de la realidad. Por consiguiente, es necesario averiguar cuáles con las repercusiones de la acción. Pero el especialista no puede prever cuáles son las repercusiones de su actividad porque éstas pertenecen a campos inmediatos al de su apropiación particular.

En la información periodística, las especializaciones están íntimamente vinculadas entre sí. Por regla general suelen presentarse simultánea o sucesivamente en el mismo medio de información. Al no estar relacionadas, se ofrece una visión fragmentada, incoherente y, por tanto, incomprensible de la realidad. Esa información periodística no relacionada, inconexa, poco puede contribuir a la ampliación de la conciencia, principal tarea de la especialización periodística.

La especialización es necesaria para hacer avanzar el conocimiento. Pero hay que estar constantemente compensando la tendencia a la estrechez de su consideración con un marco más amplio en donde los procesos de cada campo especial conectan con los procesos generales. Puesto que es de ese marco general del que los especialistas reciben sentido. Así se impide que el especialista caiga en un subjetivismo esterilizador y esterilizante.

La información periodística se entiende aquí, en todas sus diversas manifestaciones y modalidades, como proceso de transmisión y adquisición de conocimientos, como proceso comunicativo reductor de la ignorancia y, por consiguiente, ampliador de la conciencia.

En este sentido hay que entender las dos citas que encabezan este trabajo. No es posible, como decía A. Lincoln, mantener siempre a toda la gente en el engaño, pues, como dice E. A. Rauter, la realidad, el modificador más progresista de la conciencia, termina por imponerse. La tarea de la información periodística estriba, pues, en mostrar la realidad tal cual es, ya que al mismo tiempo se verá lo que hay que cambiar en ella.

1. Concepto de información

Origen y evolución del término

El término "información" viene del latín *informatio*, derivado, a su vez, de *informatum*, participio del verbo *informo*, que significa dar forma, bosquejar, y también presentar, enseñar, instruir. En su origen, información equivale a creación, formación, instrucción, enseñanza, educación, acepción que recoge todavía el diccionario de la Real Academia de la Lengua. Como puesta en forma de ciertos elementos o partes, informar tiene el valor de clasificar y organizar algo. Así pues, en este sentido originario, información significa tanto clasificación y ordenación de símbolos como organización de un sistema.

No obstante, aunque sin perder su sentido originario, el concepto de información se ha enriquecido y ampliado a lo largo del tiempo. Como las palabras son símbolos de la experiencia humana acumulada a lo largo de la historia, su contenido semántico ha ido evolucionando a medida que han progresado el conocimiento, las técnicas y métodos de producción, las ciencias y las relaciones sociales. De este modo, las palabras cambian de significado, se enriquecen y reciben nuevas aplicaciones.

En el lenguaje corriente, información significa reunión y acumulación de datos, hechos, conocimientos, noticias, así como su transmisión. En términos judiciales designa el proceso de indagación, comprobación y relato de un suceso. En este sentido se habla también de "información parlamentaria".

Hoy día, el concepto de información se ha elevado a una categoría del lenguaje científico. Su aplicación y desarrollo en numerosas y muy diversas ramas del saber lo han convertido en uno de los términos más empleados en la teoría y en la práctica científica cotidiana. Pocos conceptos han generado tanta discusión y, hasta cierto punto, confusión, como el de "información". Expresiones como "sociedad informada", "la explosión de la información", "la industria de la información", "el poder de la información", "el desafío de la información", "la revolución de la información", y otras parecidas, se han generalizado en periódicos, revistas y libros para designar y calificar la época actual.

De ahí que antes de entrar en el tema específico de la información periodística convenga ahondar más en el concepto, ver cuál es la índole de la información, sus características y sus formas, sus relaciones con el conocimiento, etc.

Concepto general de información

En términos generales, se entiende por información la transmisión de contenidos de conciencia de unos hombres o grupos de hombres a otros. En este sentido amplio es la transmisión de conocimientos y saber sobre hechos y relaciones (estados de cosas). En el lenguaje corriente, y en un sentido más estricto, se entiende como transmisión de hechos nuevos, de noticias.

El último informe de la Comisión Internacional de la UNESCO sobre la comunicación e información de nuestro tiempo define la información así:

> «Acopiar, almacenar, someter a tratamiento y difundir las noticias, datos, opiniones, comentarios y mensajes necesarios para entender de un modo inteligente las situaciones individuales, colectivas, nacionales e internacionales y para estar en condiciones de tomar las medidas pertinentes».[1]

Los contenidos de conciencia producidos por la acción y experiencia humanas se elaboran, transmiten y/o almacenan con la ayuda de signos. El proceso de la génesis, elaboración, transmisión y recepción de esta información es lo que se denomina **proceso de información.**

La génesis, la existencia y el efecto de la información están estrechamente vinculados a la actividad social, práctica, creadora, de los hombres. Los procesos sociales de adquisición y transmisión de conocimientos constituyen, en la praxis social de los hombres, dos aspectos diferentes de un mismo proceso: la regulación de la transformación del entorno natural y social conforme a determinados objetivos y finalidades.

Dentro de este contexto general, V. Afanasiev suscribe asimismo el concepto de información como «reflejo y conocimiento empleado para las actividades prácticas y para el control».[2] Pero no se trata de cualquier resultado del reflejo ni de cualquier conocimiento. La información representa, como dice C. Cherry, «informar, contar, cosa contada, conocimiento, detalles del conocimiento, noticias (de, acerca de)».[3] Es decir, se refiere, en términos generales, a comunicaciones y noticias, a conocimiento necesitado, a conocimiento para

1. Sean MacBride y otros, *Un solo mundo, voces múltiples* (México/Unesco, París: Fondo de Cultura Económica, 1980), pág. 37.
2. V. Afanasiev, *Social Information and the Regulation of Social Development* (Moscú: Progress Publishers, 1978), pág. 41.
3. Colin Cherry, *On Human Communication, a Survey and a Criticism* (Massachussetts: Institute of Technology Press, 1966), pág. 5.

un usuario y, por lo tanto, móvil, circulante. La información supone, pues, un aumento del conocimiento, o como lo expresa H. Pross, es «comunicación que disminuye el desconocimiento mediante símbolos reducibles».[4]

Conceptos científicos de información

El significado de la palabra "información" como término científico no se diferencia fundamentalmente de su sentido cotidiano. La concepción de la información como reducción o eliminación de la ignorancia o la incertidumbre, tiene por consecuencia que cuando se está en condiciones de medir el desconocimiento se está a un paso de medir, de igual modo, la información.

El aumento de información corre paralelo con la creciente complejidad de la producción y de todas las esferas de la vida. De ahí que muchos científicos y especialistas hayan estudiado y estudien problemas relacionados con la información. La aplicación del concepto general de información a diversas ramas del saber ha dado lugar a distintos conceptos y teorías de la misma.

El objeto de este trabajo hace que se pasen por alto algunas concepciones científicas de la información, tales como la **algorítmica** o la **topológica.** De ahí que se resuman únicamente las principales teorías y conceptos científicos más relacionados con la "información periodística.".

Los esfuerzos encaminados hasta ahora a la definición científica de la información pueden resumirse en dos corrientes principales:

a) el enfoque atributivo, en que la información se define como una propiedad de la materia en movimiento, como una cualidad que se refiere a la estructura, orden variedad y organización de su estado; y

b) el enfoque cibernético-funcional, en que la información se concibe como una propiedad de los sistemas auto-reguladores y auto-organizadores.

Concepto energético

A la hora de estudiar la información, muchos estudiosos no tienen en cuenta el aspecto energético de la misma. Esta actitud, en cierto modo idealista, tal vez se justifique por el hecho de que cantidades ínfimas de energía gastadas en la producción de señales informativas pueden desencadenar respuestas enormemente amplificadas por parte de los receptores de esa información. Tal es el caso de la palabra o eslogan que puede poner en movimiento a toda una multitud o las señales que regulan el tráfico rodado.

Ciertamente, la producción de información requiere siempre un trabajo, inconcebible sin una determinada aplicación y consumo de energía.[5] Otra cosa

4. Harry Pross, *La violencia de los símbolos sociales* (Barcelona: Anthropos, 1983), pág. 136.
5. M. Martín Serrano y otros, *Teoría de la comunicación I. Epistemología y análisis de la referencia* (Madrid: A.C. Editor, 1982, (2.ª edición), págs. 14 y ss.

es que la evolución de los sistemas informacionales tienda al ahorro creciente de energía, a la economía de señales, en la producción y recepción de información. Las interacciones informativas, sobre todo en la esfera social, constituyen un nivel superior a las interacciones físicas. Lo característico de un sistema informativo estriba precisamente en que una cantidad pequeña de energía puede activar una energía muchísimo mayor que la de la señal. La señal portadora de información se transforma y amplifica al transformar la energía libre contenida en el sistema. Sin esa energía libre no sería posible la interacción informativa y la amplificación. De ahí que, dentro de un sistema de información, la señal constituye el umbral que separa los cambios cuantitativos de los cualitativos.

Ahora bien, el hecho de que las interacciones entre sistemas impliquen el intercambio de materia y energía y de que los procesos informacionales puedan describirse también como procesos energéticos, no significa que la información sea una substancia especial que actúe sobre el sistema. Como dice Afanasiev, «la información no es ni materia ni energía, sino una categoría de orden ideal. La información no es una cosa sino una categoría de pensamiento».[6]

La concepción energética de la información distingue los aspectos siguientes de los procesos informacionales:

1) un efecto amplificador, determinado por la presencia de energía libre en el sistema receptor;

2) la necesidad de correspondencia cualitativa entre la energía de un estímulo y la energía reflectiva;

3) la conexión del reflejo, el proceso de regulación del sistema, con el proceso de información. La importancia de la información para un sistema de regulación viene determinada por su carácter "amplificador".[7]

Los exponentes de la concepción energética de la información afirman que, pese a las diferencias existentes entre sus distintos tipos (información biológica, técnica, semántica, etc.), todos ellos se basan en la correspondencia existente entre la energía del estímulo y la de la reacción, y que esto constituye la esencia de los procesos informacionales.

Pero, aunque la producción, transmisión y recepción de información no sea posible sin determinada energía, los procesos de información no pueden reducirse sencillamente a procesos energéticos. El concepto energético de información sigue sin aclarar lo que es información y lo que se transmite por medio de esos procesos energéticos. De ahí que esta concepción confunda a menudo "información" con "comunicación".

6. Vid. Afanasiev, *op. cit.*, pág. 37.

7. Cfr. M.I. Setrov, *Organizatsiya biosystem (La organización de biosistemas)* (Leningrado, 1971), pág. 123, o el resumen que hace V. Afanasiev, *op. cit.* págs. 27 y ss.

Concepto cibernético

El título que Norbert Wiener dio a su obra transcendental en 1948 —*Cibernetics or control and communication in the animal and the machine*— contiene ya la definición que su autor hacía de esta ciencia moderna.[8] Su objeto de estudio es la automatización de los procesos de elaboración de información, de la transmisión de señales en las máquinas y en los seres vivos. La génesis y transmisión de señales constituyen las condiciones más generales para los procesos de dirección y regulación en todas las esferas del mundo material. De ahí que la señal, portadora de información, sea uno de los conceptos básicos de la cibernética. Al establecer una analogía entre las estructuras informacionales técnicas y extratécnicas, establece también un puente entre la técnica de las noticias, de la información en su sentido más amplio, y la biología.

Según esta concepción, las informaciones y los procesos informacionales sólo son comprensibles en relación con sistemas cibernéticos entre los que existen conexiones (acoplamientos) informacionales. Los sistemas cibernéticos se diferencian de los físicos, entre otras cosas, porque además de ser procesos de transformación e intercambio de energía, también se efectúa en ellos intercambio y reelaboración de información. Es cierto que los procesos informativos dependen de procesos materiales o energéticos, pero representan una calidad distinta y no pueden reducirse a ellos. La conexión informacional entre dos sistemas (S_1 y S_2) puede esquematizarse de la manera siguiente:

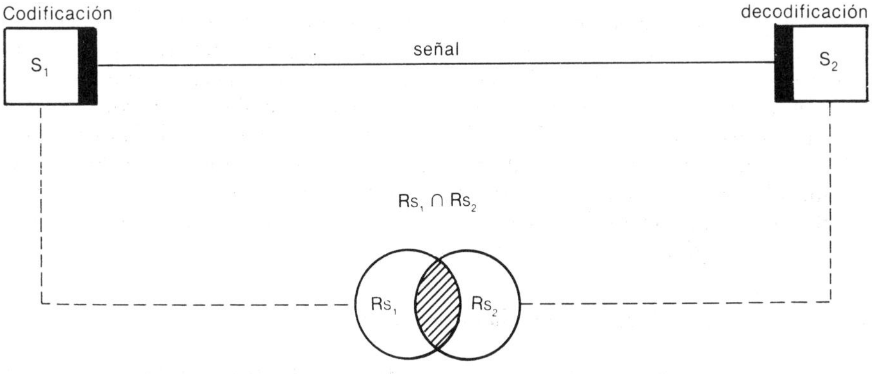

El supuesto necesario, aunque no suficiente, es la conexión física, bioquímica, etc. entre S_1 y S_2. Prescindiendo de la realización concreta, se trata siempre de señales. Estos procesos pueden producir también efectos energéticos o materiales y motivar así cambios de comportamiento. Pero la conexión infor-

8. La traducción alemana del título reza así: «*Kybernetik oder Regelung und Nachrichtenübertragung in Lebewesen und in der Maschnine*» es decir, *Cibernética o regulación y transmisión de noticias en el ser vivo y en la máquina*.

macional, que va más allá del acoplamiento de señales, no se efectúa hasta que se establece otro puente entre S_1 y S_2. Esta conexión la establece el llamado repertorio común de signos ($Rs_1 \cap Rs^2$). Sólo bajo este supuesto es posible que el S_1 elija determinada serie de signos de su Rs_1, de acuerdo con la información que se va a transmitir, los codifique y finalmente los transmita al S_2. Éste, debido a la existencia del repertorio común de signos, los codifica y transforma en otra serie de signos equivalente a la elegida por S_1. Se dice, entonces, que S_2 está en condiciones de "entender" la información.

Este concepto de información, el análisis de procesos informacionales, tiene aplicación e importancia en los campos más diversos de las ciencias tradicionales: en biología, especialmente en la neurofisiología; en psicología, especialmente psicología de la información y pedagogía; en la técnica, economía, sociología, etc. Así, por ejemplo, el estudio de las codificaciones genéticas puede contribuir a esclarecer fenómenos de la herencia y del desarrollo de los sistemas orgánicos.[9]

Los resultados de la teoría cibernética de la información tienen también importancia para la teoría del conocimiento. Desde el punto de vista de la cibernética, el proceso cognoscitivo individual del hombre puede entenderse como una forma especial de reelaboración de información en un sistema altamente complejo. La entrada de este sistema serían los receptores humanos y la salida los efectores. La capacidad de rendimiento de este sistema humano de reelaboración de información supera en mucho a los demás sistemas conocidos hoy día.

Los procesos de elaboración de información que se desarrollan entre los receptores y el cerebro, e incluso los del propio cerebro, encierran problemas epistemológicos especiales. Sirvan de ejemplo los problemas de la fiabilidad de los conocimientos y la cuestión de la relación enre la elaboración consciente e inconsciente de información. Los resultados de la cibernética y de la psicología de la información permiten contemplar, por ejemplo, el problema del reflejo del mundo exterior en nuestros sentidos y en la conciencia, de una forma totalmente nueva, al considerar estos procesos como un tipo especial de procesos de elaboración de señales o de información.

Concepto matemático: teoría de la información

A medida que se ha desarrollado la sociedad y se ha hecho más compleja la producción, a medida que han evolucionado los medios y las formas de comunicación, también lo ha hecho la información. De ahí que se plantease la necesidad de medir la información, determinar su cantidad, la capacidad de los canales y la reestructuración de éstos. Así pues, la concepción matemática de la información surgió como una teoría matemática cuantitativa.

9. Cfr. artículo «Information» en el *Philosophische Wörterbuch*, vol. 1 (Leipzig, 1974) redactado por Heinz Liebscher; véase también N. Wiener, *La cibernética* (Madrid, 1971), Georg Klaus, *Kybernetik und Geselchaft* (Berlín, 1964).

Históricamente, esta teoría nació de la preocupación por obtener la mayor economía posible en las transmisiones, y cuando existían ya abundantes estudios sobre la comunicación, el mensaje, la decodificación, etc., por no mencionar el periodismo. La atención científica se fijó entonces en los medios técnicos que servían de vehículo transmisor de la información.

Claude E. Shannon y Warren Weaver, ingenieros y matemáticos norteamericanos, publicaron también en 1948, el mismo año en que apareció la *Cibernética* de N. Wiener, un pequeño ensayo que marcó una época y que titularon *Teoría matemática de la comunicación*.[10] La cuestión que se plantearon estos investigadores fue la del gasto técnico mínimo para transmitir de forma comprensible una noticia. Los estudios de Shannon y Weaver, concentrados en un dominio científico muy restringido, tuvieron al poco tiempo un éxito y desarrollo inusitados, no previstos por sus autores, dando lugar a lo que se conoce como *Teoría de la información*, o teoría de las noticias *(Nachrichtentheorie)*, como se conoce también en el ámbito alemán. De ahí que al considerar el significado de la palabra "información" resulte casi obligado remitirse a la teoría (matemática) de la información y extenderse algo en esta concepción.

Basándose en las estadísticas de la probabilidad, esta teoría concibe la información como lo opuesto a la incertidumbre. La cantidad de información se define entonces como el grado de reducción en la incertidumbre producida al transmitir mensajes. Las probabilidades que estudia esta teoría son las frecuencias de los signos o sus medidas. Los signos, su frecuencia y fiabilidad, así como la cantidad de información que contienen, se contemplan con independencia de su contenido, significado y valor.

Por consiguiente, en el sentido de la teoría de la probabilidad, información es la medida de la incertidumbre de que se dé un acontecimiento. En este sentido, la información, llamada también contenido informacional, es tanto mayor cuanto mayor sea la incertidumbre del acontecimiento que se da entre la cantidad de acontecimientos posibles.

Desde el punto de vista de la teoría de la información en la realización de acontecimientos se trata de signos (elementos de noticias), tomados de una fuente (fuente de información o de noticias) y elegidos entre un repertorio de signos (alfabeto, conjunto de noticias). Un emisor cambia su **forma estática** (perforaciones en cinta, signos impresos, etc.) en **forma dinámica de señales**, siendo observadas o recibidas así por un receptor.

La posibilidad más sencilla de selección se da cuando el repertorio consta de dos signos, por ejemplo las cifras 0 y 1. Resulta muy conveniente utilizar este procedimiento elemental de decidir entre dos posibilidades como unidad de la cantidad de información (contenido informacional). Esta unidad se llama *bit*, del inglés ***bi**nary digi**t***.

He aquí un esquema muy simplificado de este procedimiento para determinar el contenido de información de un signo como número de decisiones binarias:

10. Véase la edición española publicada por Ediciones Forja S.A. (Madrid, 1982).

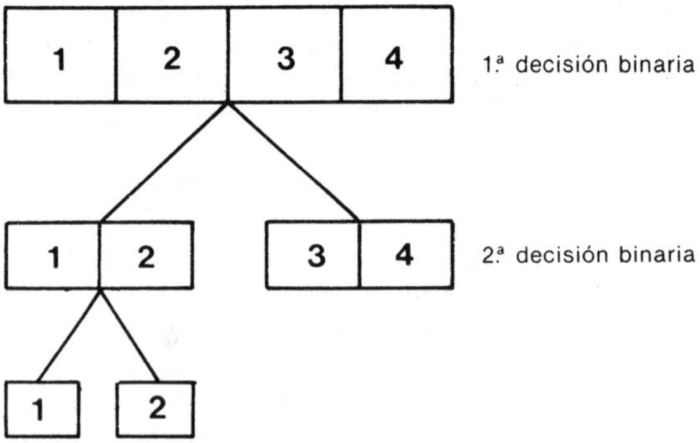

Si el repertorio consiste, por ejemplo, de los cuatro signos 1, 2, 3, 4, puede determinarse la cifra 2 dividiendo el repertorio en dos mitades y decidiéndose por la mitad de la izquierda (primera decisión binaria). Lo que queda se vuelve a dividir en dos mitades y la decisión por la mitad de la derecha (segunda decisión binaria) da claramente la cifra 2. Así, pues, el contenido de información de un signo que forma parte de un repertorio de 4 signos es de 2 bits.

Siendo N el número de elementos de un repertorio de signos y designando con I el contenido de la información, se obtiene la fórmula:

$$N = 2^I, \text{ de donde } I = \log_2 N \text{ bits}$$

Esto rige naturalmente en el supuesto de que todos los signos del repertorio se presenten con la misma probabilidad. En el caso de probabilidades diferentes, Shannon llega a la fórmula general siguiente:

$$H = \sum_{1}^{n} Pi \log_2 Pi$$

O sea, la cantidad de información (H) de un mensaje se calcula en función de la suma de probabilidades de cada una de las señales empleadas multiplicada por el logaritmo de su probabilidad.

El concepto matemático de información proviene de las necesidades de la técnica de noticias, entre cuyas tareas esenciales está la de transmitir fielmente una cantidad dada de signos a través de un canal dado con el menor gasto económico posible. Para una teoría de la transmisión de noticias basta con resumir en un modelo abstracto de regularidades comunes a los procesos psíquicos y presentes en los sistemas más diversos de transmisión de noticias. El concepto de información se obtiene, en el sentido de la lógica, mediante una definición por abstracción. De este modo, una determinada información se define como clase de señales equivalentes.

El concepto matemático de la información es, esencialmente, un concepto estático. Desde el punto de vista de la semiótica comprende únicamente el aspecto sintáctico de los signos, es decir, cantidades de signos. Pero los signos no sólo están en relación con otros signos, sino también con sus significados (aspecto semántico), con los objetos designados (aspecto sigmático) y con los sistemas y subsistemas entre los que se efectúa el tráfico de signos (aspecto pragmático). Mirada desde la perspectiva semiótica, la teoría de la información se ha centrado en el aspecto sintáctico de los signos, considerados como elementos de informaciones. Todavía queda por desarrollar, sin embargo, una teoría de la información que comprenda los aspectos semántico y prágmatico.

Esta deficiencia se observa especialmente al analizar los sistemas informacionales de la sociedad. Los procesos sociales de información sólo pueden describirse adecuadamente si se incluyen también el correspondiente significado de las informaciones y los fines para sus usuarios humanos. La teoría matemática de la información hace abstracción de estos aspectos y se ocupa de la capacidad de sistemas materiales y canales específicos, dejando de lado la índole de la información. De ahí que no pueda aplicarse para explicar los fenómenos de la información social. Esta última está siempre ligada a factores psicológicos que no se prestan fácilmente a formalización y cuantificación.

De todos modos, la teoría matemática de la información ha hecho aportaciones transcendentales para el desarrollo y el progreso. La más importante tal vez sea la creación de la ciencia conocida con el nombre de **informática**, omnipresente hoy en cualquier manifestación de la vida humana. El informe internacional de la UNESCO sobre información y comunicación dice lo siguiente de ella:

> «Los progresos de esa ciencia nueva que es hoy la informática aumentan enormemente la información disponible para quienes tienen acceso a las tecnologías actuales. Las computadoras y los bancos de datos permiten acopiar, almacenar y transmitir millones de elementos de información. El invento de las "pulgas" de silicio ha reducido el lugar necesario a unas proporciones minúsculas. Los códigos binarios de transmisión han creado un nuevo lenguaje, que elimina prácticamente las demoras. Estos descubrimientos han multiplicado, en una proporción que hubiera sido inimaginable antes, los recursos disponibles, no solamente para la información y el esparcimiento, sino también para la ciencia, la medicina, todas las ramas de la vida actual y profesional, y, en general, la organización social».[11]

Finalmente, el concepto matemático de información conlleva muchos problemas filosóficos nuevos. Uno de ellos, por ejemplo, resulta de comparar el intercambio y elaboración de información en el hombre y en los mecanismos automáticos altamente organizados, cerebros electrónicos, etc. Parece recomendable designar las informaciones intercambiadas entre seres humanos como **noticias** y tratarlas como una subclase de informaciones. En este sentido, las noticias están siempre vinculadas, directa o indirectamente, a procesos de conciencia. Las peculiaridades de esta subclase de informaciones pueden derivarse del análisis de la conciencia y su portador material. Otro problema resulta del hecho de que mediante sistemas automáticos muy organizados se obtienen logros que originariamente eran exclusivos del hombre, especialmente

11. Sean MacBride y otros, *op. cit.*, pág. 33.

del pensamiento abstracto. Así ocurre, por ejemplo, con la simulación de procesos heurísticos en ordenadores. Vuelve a plantearse aquí la cuestión de la relación entre hombre y máquina, planteada ya en el siglo XVIII y XIX. Mas, como entonces, los centros electrónicos no dejan de ser una creación del hombre, al servicio del hombre y para refuerzo de su inteligencia, pero nunca para suplantarla.

Distinción entre información y datos de información

Asimismo, a fin de obviar algunas dificultades, conviene distinguir entre el concepto de "información" y el de "datos de información". En los datos se incluyen los informes, las comunicaciones y el conocimiento. Éstos pueden almacenarse, transformarse y transmitirse, pero no devienen información hasta que no se hace uso de ellos. Los especialistas norteamericanos R. G. Murdick y J. E. Ross insisten en la conveniencia de esta distinción por afectar la información al comportamiento de las personas o de las máquinas. Los datos pueden considerarse como signos, generalmente observaciones registradas, que no afectan de momento al comportamiento. Pero si lo afectan, se convierten entonces en información. Puede decirse, pues, que la información son datos en uso.[12]

Distinción entre información y comunicación

Como se ha indicado en las páginas precedentes, información significa, esencialmente, **transmisión** de cierto número de mensajes, de conocimientos, a un individuo o colectivo que los recibe, elabora, acepta o rechaza.[13] La comunicación, por el contrario, es el proceso y el resultado del **intercambio** de informaciones entre individuos, grupos u organizaciones sociales. A través de este intercambio, de su actividad comunicativa, el hombre contribuye a crear, consolidar o modificar las relaciones sociales. En última instancia, el objetivo de la comunicación sería la comprensión entre los hombres a fin de influir conjuntamente en la naturaleza y garantizar su existencia y desarrollo físico y social.

Como resultado del intercambio de información, la comunicación expresa el entendimiento alcanzado por quienes participan en ella acerca de un objeto concreto con un objetivo determinado. La comunicación es un factor esencial de la división social del trabajo y de la cooperación, es decir, constituye uno de los presupuestos y condiciones de la existencia social del

12. Robert G. Murdick, Joel E. Ross, *Information System for Modern Management* (Englewood Cliffs, 1971), pág. 315.

13. Para más detalle véase VV.AA., *El concepto de información en la ciencia contemporánea* (Madrid: Siglo XXI Editores, 1975).

hombre. Al mismo tiempo es un factor esencial de todos los procesos inherentes al conocimiento de la sociedad. Solamente a través de la comunicación es posible el reflejo adecuado de la realidad en la conciencia de los individuos, el intercambio de contenidos subjetivos de conciencia, de conocimientos, su verificación social, y, por consiguiente, su aplicación en la praxis social. Como factor esencial de la división y cooperación social del trabajo y del conocimiento social, la comunicación es, por tanto, un elemento constitutivo de la praxis y de las relaciones sociales.

2. La información social

Definición

La información social comprende conocimientos y noticias utilizados en la esfera de la vida social. Comprende, pues, la información que circula dentro de la sociedad y pasa por la conciencia de los hombres.

El ser humano es esencialmente un ser social y, por tanto, pertenece a una determinada sociedad, nación, colectivo, etc. De ahí que la información social lleve consigo huellas de las relaciones nacionales, culturales, de clase y otras, así como trazas de las necesidades e intereses de los individuos y colectivos a que se refiere y que hacen uso de ella. Es aquí donde radica la esencia, el aspecto fundamental, de la información social, la vertiente que la separa de otros tipos de información. La información social se refiere sobre todo a las relaciones entre personas y a sus interacciones mutuas, a sus necesidades e intereses. En sentido estricto, esta es la información social propiamente dicha.

La información social constituye el tipo más elevado de información porque deriva de la práctica social de los hombres, que es el tipo más elevado de transformación de la realidad. La información social contribuye a la práctica y no puede existir fuera de ella. Asimismo, al reflejar las relaciones e interacciones sociales, que constituyen la forma más variada y compleja de conocimientos, dominio y transformación de la realidad, la información social es el tipo más alto de información. Ningún tipo de información está sometido a tantos procesamientos ni se emplea en formas tan variadas como la información social.

Por último, la información social representa el tipo más alto de información por ser su contenido producto y resultado del pensamiento lógico, es decir, del tipo más activo y elevado del reflejo de la realidad.

Niveles de la información social

La acción y experiencia del hombre sobre la naturaleza, su trabajo y actividades productivas han desempeñado un papel decisivo en el desarrollo de su conciencia y en la adquisición de información. Las posibilidades informacionales del hombre aumentaron de manera considerable cuando empezó a producir signos artificiales para denotar la variedad de su entorno natural y social. Por regla general, el progreso de la producción sirve de base a la producción de signos que, convertidos en señales, permiten al hombre y a los sistemas sociales conocer y dirigir los complejos procesos naturales y sociales.

El hombre recibe información social por dos vías. Por un lado está su experiencia personal e individual, mediante la cual recibe información muy diversa de las otras personas con quien se comunica. Por otro, la recibe a través de los procesos naturales y sociales que halla en su camino.

Según la índole de su relación con las actividades prácticas, pueden distinguirse tres niveles de información social.[1]

a) La información observada que surge en el contexto de las actividades prácticas y que sirve directamente a éstas. Su fuente radica en la esfera accesible a la observación y a las actividades prácticas del hombre.

b) La información que refleja la esfera de la percepción sensorial unilateral. Aunque es accesible a la observación, está fuera del ámbito de operaciones prácticas del hombre.

c) La información que refleja una esfera que normalmente sirve como objeto de consideraciones teóricas, más que de percepción censorial o de actividades prácticas.

Carácter dual de la información social

La información social puede considerarse bajo dos aspectos, uno material y otro ideal. Se afirma, por ejemplo, que los denominados «medios de comunicación de masas» transmiten información ideal a los receptores anónimos. Pero, como que, por regla general, se emplean medios técnico-materiales para transmitir las noticias y los conocimientos, la información ideal se transforma en información material.

Tanto si se almacena en la mente de los hombres como si se registra en una cinta magnética, en un ordenador o cualquier otro soporte material, o si se transmite codificada por diversos canales, la información sigue siendo social y humana, o sea, ideal. Por un lado, el contenido de la información es ideal y, por otro, sus formas de expresión son siempre materiales: lenguaje (natural o artificial), números, códigos, señales físicas, medios técnicos. Cualquiera que sea el carácter ideal de la información, ésta se transmite y percibe siempre en forma material y a través de soportes materiales.

1. Véase V. Afanasiev, *op. cit.*, págs. 54-55.

Dado el carácter dual de la información social, no puede hablarse, por tanto, de transformar una forma material de información en otra ideal o viceversa. Pues, en cuanto reflejo de los procesos sociales en la conciencia del hombre, la información social es siempre ideal, como dice V. Afanasiev.

La información social cristaliza en conceptos que reducen y condensan la variedad y complejidad de los procesos naturales y sociales. De este modo los conceptos concentran la información, la ordenan y organizan, permitiendo reducir considerablemente el volumen de información necesario para tomar decisiones.

La información social no es sencillamente conocimientos almacenados en la conciencia humana, sino que actúa dialécticamente sobre ésta produciendo cambios en ella.

El lenguaje hablado y escrito es el principal soporte material de la información social. El lenguaje es el tipo más elevado de señales que se conoce, «la señal de las señales», como diría Pavlov. La palabra es la señal universal que permite cristalizar el contenido conceptual de la información, la que hace que se reciba, almacene, transmita y aplique por los hombres en sus diversas actividades. El hombre no recibe de la naturaleza signos o señales que constituyan la encarnación de comunicaciones, ni tampoco palabras o símbolos. La naturaleza no selecciona los signos más aptos para la observación humana. Es el hombre el que efectúa el trabajo simbólico.

Fuentes de la información social

El ambiente social en que se desenvuelve el hombre constituye la fuente primaria de información. No obstante, la influencia de la información social en las personas individuales está condicionada por su medio, es decir, la porción de realidad con la que interactúa directamente.

La ciencia en su conjunto, es decir, las ciencias sociales, naturales y técnicas, constituye una de las principales fuentes de la información social. Las **ciencias sociales** y la información derivada de ellas proporcionan una visión científica del mundo y ayudan a los hombres a orientarse en la intrincada complejidad de los acontecimientos sociales. Este tipo de información aumenta constantemente y se emplea en la modelación, planificación y prospectiva sociales.

Además de los datos y conocimientos proporcionados por las ciencias, la información social se nutre también de otras fuentes, particularmente de los **experimentos sociales**. Éstos permiten obtener conocimientos y ensayar alternativas que incrementan luego el flujo de informaciones.

El **estudio de documentos**, materiales, libros, revistas, periódicos, etc., proporciona asimismo un volumen considerable de información sobre los aspectos más diversos del funcionamiento y desarrollo de la sociedad. Esta información permite aprovechar las experiencias útiles, desechar las negativas y evitar tener que descubrir de nuevo lo que ya se sabe.

Por último, la **interacción comunicativa** con la población, con los receptores y usuarios, constituye también una fuente importante de información directa. En el campo del periodismo, por ejemplo, los órganos de prensa y radiodifusión deben recurrir a los autores de los acontecimientos, o a los afectados por ellos, a fin de obtener sus informaciones. Si éstos callan, surge el rumor. La falta de información fidedigna, veraz, da lugar al subjetivismo y a las decisiones voluntaristas.

En suma, el proceso de producción y reproducción de información social presupone, entre otras cosas, los pasos siguientes:

a) la acumulación y almacenamiento de la información producida por las generaciones precedentes;

b) la asimilación de la información acumulada por la generación actual;

c) la previsión y planificación de la producción de información;

d) la recogida y selección de la información necesaria;

e) el procesamiento de la información;

f) el almacenamiento y búsqueda de información ulterior o complementaria;

g) la difusión y transmisión de la información a sus usuarios y beneficiarios; y

h) el empleo de la información.

La información constituye, pues, una guía para orientarse en el complejo laberinto de los acontecimientos sociales, ejercer influencia sobre ellos y alcanzar objetivos determinados.

En sentido periodístico estricto, se entiende por fuente de información la persona o institución de la que el periodista recibe, de forma regular, ocasional o en un caso concreto, informaciones sobre hechos de actualidad. Esta transmisión puede efectuarse a través de servicios de prensa, entrega de documentos, conferencias de prensa o conversaciones personales.

Las fuentes de información más importantes y habituales para la Prensa, la Radio y la Televisión son las agencias de prensa, los gabinetes de prensa de los organismos estatales y de las diferentes instituciones, asociaciones, sindicatos, etc., archivos y centros de documentación y datos que reúnen informaciones sobre determinadas esferas de la vida social, bibliotecas, fototecas, etc.

Clases de información social

La clasificación de la información social puede ser tan diversa como los criterios que se apliquen para efectuarla. Sin ánimo de ser exhaustivos, y teniendo en cuenta que se trata de la información social en su conjunto, se resumen aquí algunas de las clasificaciones más corrientes.[2]

En primer lugar, la información puede clasificarse por la índole de sus fuentes, por los medios de transmisión y por la índole de sus usuarios. Según

2. Véase más ampliado en V. Afanasiev, *op. cit.*

estos criterios, la enorme corriente de información producida y utilizada en la sociedad se divide en:

a) información medidora y reguladora; *b*) información contable y estadística; *c*) información científica y técnica; *d*) información social y política.

Si se tiene en cuenta la índole del soporte, la cual determina si la información se puede utilizar repetidas veces o una sola vez, ésta puede clasificarse en **información registrada y no registrada**.

Según su nivel de procesamiento antes de emplearla, puede dividirse en:

a) información primaria, o sea, la información inicial aún no procesada;

b) información intermedia, la procesada, pero no lo bastante para ser utilizada todavía;

c) información final, o la totalmente procesada y lista para su utilización.

Por su grado de exhaustividad, la información puede ser **completa**, lista para utilizarse en su forma actual, o **incompleta**, que sólo puede utilizarse con información adicional o complementaria.

La clasificación puede hacerse también en términos de los objetivos, el contenido y las formas y métodos de obtención de la información social.

Ahora bien, como la información es el resultado de un reflejo de la realidad social y natural, la información debe corresponderse con la realidad, con los procesos que en ella se dan. En este sentido puede hablarse de **información relativa al futuro**, es decir, la que se refiere a la previsión y la planificación, e **información relativa al presente**. La primera desempeña funciones orientadoras, normativas y de aviso.

Por lo que respecta a la información relativa al presente, que es mucho más abundante que la información sobre el futuro, la información social puede clasificarse por su fuente. Se tiene así información económica, política, científico-técnica, etc. Si se tiene en cuenta la dirección de su movimiento, esta información puede ser **horizontal** (la que circula a un nivel determinado) y **vertical** (la que circula entre niveles diferentes). Si el criterio lo constituyen los límites dentro de los cuales circula, se habla de información **interna** y **externa**. Según su campo de aplicación, la información puede dividirse en **universal** y **especializada**.

Finalmente, según las formas materiales de transporte, la información puede ser visual y auditiva, escrita y oral, audiovisual, artística, periodística, etc.

3. La necesidad de información

Necesidad de información

En la sociedad actual puede decirse que la información no sólo satisface una **necesidad instrumental**, en el sentido de B. Malinowski, es decir, la necesidad del desarrollo espiritual de la personalidad y de la cooperación social.[1] El acceso de todos a la cultura y la participación en la creación de la misma, el derecho a la información y comunicación diáfanas, constituye también una de las **necesidades radicales** de nuestros días, esto es, una necesidad insatisfecha.[2]

La transformación del entorno natural y social plantea tareas específicas y depende en gran medida de la información que se ponga a disposición de la población. De aquí se deriva la necesidad social de la misma. La satisfacción de esta necesidad implica la adquisición de conocimientos cada vez más amplios acerca de los complejos procesos sociales, técnicos, científicos e ideológicos. En estas circunstancias hay que aumentar las respectivas corrientes de información vinculadas a la adquisición y transmisión, cada vez más amplias, de conocimientos. La información insuficiente no sólo se traduce en obstáculos y perturbaciones a la hora de resolver tareas, sino también a la hora de desarrollar la iniciativa de la población.

Puede afirmarse con J. Maestre Alfonso que: «En todo momento la información no sólo es importante, sino también necesaria. Pero su papel es mucho más fundamental en el momento actual. Formación e información están íntimamente ligadas y vivimos en una época en que la formación resulta im-

1. B. Malinowski, *La vida sexual de los salvajes del Noroeste de la Melanesia* (Madrid: Ediciones Morata, tercera edición, 1975), pág. 37.

2. Cfr. Àgnes Heller, *Para cambiar la vida* (Barcelona: Crítica, 1981); y V. Romano "Tiempo de trabajo, tiempo para el ocio y necesidades radicales" en *Nuestra Bandera* n.º 114, septiembre 1982.

prescindible para el proceso de socialización, para la inserción de los individuos en la sociedad.

»La cultura de las sociedades avanzadas es muy amplia y compleja y si a estas características añadimos la de que además está en constante cambio, se comprenderá la importancia del proceso de aprendizaje, que éste tenga que ser intenso, largo y especializado, como también la importancia que en todo él ha de tener la información. Por otro lado, la sociedad necesita constantemente estar informada, no sólo en las etapas formativas, sino en todo el transcurso de la vida, para poder adaptarse al cambio y estar preparada en todo momento a dar respuestas adecuadas a cada una de las situaciones que se presenten».[3]

La información constituye el hilo conductor que sirve para orientar a las personas en el complejo laberinto de los procesos y fenómenos sociales y para utilizar las fuerzas sociales y naturales en el logro de los objetivos marcados. La falta de información fidedigna suele ser una fuente de subjetivismo esto es, de decisiones y acciones voluntaristas.

Por otro lado, mientras el ciudadano carezca de los conocimientos necesarios para formarse un juicio propio, la opinión que exprese sólo reflejará en su mayor parte los estereotipos que le han enseñado. Y, aunque con las peculiaridades y diferencias propias de cada formación social concreta, esta situación se da tanto en el capitalismo como en los llamados "países socialistas". A juzgar por sus manifestaciones, la falta de información suficiente es una de las principales quejas de los intelectuales disidentes de estos países. Roy A. Medvedev, por ejemplo, uno de los disidentes tolerados de la Unión Soviética, afirma que para el intelectual de hoy «la información es un elemento tan indispensable como el pan cotidiano». En su opinión, el intelectual soviético estaría reducido a la ración mínima de subsistencia, aunque sería fácil suministrarle una ración más abundante. «La causa esencial de esta escasez informativa» —dice Medvedev— «es el deseo de ciertos burócratas de conservar para beneficio propio el monopolio de la información. La burocracia retiene la difusión de informaciones indeseables capaces de debilitar su autoridad, sin percatarse de que ése no es el mejor medio para preservarlo. En primer término, porque siempre se termina por obtener, a pesar de todo, las informaciones que uno busca. En segundo lugar, porque ese control burocrático no priva de información solamente a la base, sino también a las instancias superiores».[4]

De todos modos es evidente que las necesidades de información son muy diversas para cada sector de la sociedad y para cada individuo. No obstante puede hacerse la afirmación general de que el ciudadano estará informado cuando posea saberes suficientes para orientarse y manejar su entorno y para ordenar tradicionalmente las noticias que le lleguen cada día.

3. Juan Maestre Alfonso, *Medio ambiente y sociedad* (Madrid: Ed. Ayuso, 1978), pág. 136.
4. Roy A. Medvedev, *La democracia socialista* (Buenos Aires — Santiago de Chile: Editorial Francisco de Aguirre, S.A., 1974).

Necesidades urbanas y necesidades rurales

El medio urbano está constituído por unas relaciones sociales mucho más complejas y diversificadas que el rural. Las relaciones de interdependencia son mucho más evidentes. Hay que hablar con más personas para desenvolverse y orientarse. No en vano antropólogos y semiólogos suelen recurrir al ejemplo del plano urbano para ilustrar los aspectos informacionales del conocimiento.[5]

Es indudable que la vida urbana exige muchos más conocimientos para orientarse en ella y para poder seleccionar entre el cúmulo ingente de informaciones y mensajes que el ciudadano libre recibe desde que se levanta hasta que se acuesta. El propio consumo, fomentado por la publicidad, se convierte en factor esencial de exigencia de información para no caer presa de los mensajes publicitarios. Incluso el miembro aislado de la "muchedumbre solitaria" dispone de esa información.

En el campo, la escasez de relaciones sociales, sobre todo cuando la población está dispersa, elimina este factor principal de la información. Las relaciones de interdependencia apenas existen o están menos manifiestas que en las ciudades, salvo en los pueblos del sur de España. La información que un campesino necesita para hablar con otro se reduce a unos contenidos y temas muy limitados y concretos. Por otro lado puede orientarse perfectamente en el campo sin saber leer y la información que necesita para seleccionar entre las ofertas culturales, de entretenimiento o consumo en su medio rural es prácticamente nula. Aunque también recibe los mensajes y escucha el lenguaje de la radiotelevisión, como han demostrado las encuestas, se trata de signos, objetos y comportamientos urbanos, dirigidos a consumidores urbanos.

El trabajo, tercer factor determinante de las necesidades de información, requiere, en cambio, conocimientos mucho más diversos en el campo que en la ciudad. El campesino debe conocer la tierra, predecir el tiempo, saber atender el ganado, etc., para obtener mejor cosecha y mayor rentabilidad de sus animales. Su trabajo es mucho más diversificado que el obrero urbano, maravillosamente parodiado por Charles Chaplin en el obrero industrial de *Tiempos Modernos*. Ciertamente, el desarrollo de las técnicas de explotación ahoga, en la formación social actual, las facultades creadoras, no sólo en la ciudad, sino también, y cada vez en mayor medida, en el campo. Por otro lado, la tecnología de la información permite ya la producción y transmisión de informaciones más diversificadas, e incluso, especializadas, que podrían contribuir de modo significativo a la satisfacción plural y multiforme de las diferentes necesidades de información. Se rompería así la uniformidad actual que tanta indignación causa a algunos críticos de la "sociedad de masas", cuyo ejemplo más conocido lo constituyen los integrantes de la llamada "escuela de Francfort". La producción de una información periodística diversificada y especializada

5. Cfr. por ejemplo V. Gordon Childe, *Sociedad y conocimiento*, capítulo II (Buenos Aires: Ediciones Galatea Nueva Visión, 1958).

haría una aportación importante al enriquecimiento espiritual y a la emancipación del conjunto de los ciudadanos, ya vivan en la ciudad o en el campo.

Teniendo en cuenta sus factores determinantes, el conjunto de necesidades urbanas y rurales de información puede resumirse en el cuadro siguiente:

factores	necesidades
a) relaciones sociales	mayores en la ciudad
b) consumo	mayores en la ciudad
c) trabajo	mayores en el campo

Necesidad objetiva de información

La necesidad objetiva de información designa la obligación objetiva que tienen los hombres de formular y difundir, recibir y elaborar informaciones a lo largo de su vida y de su trabajo colectivo a fin de poder realizar sus objetivos. La necesidad de información se desprende directamente del ser social del hombre y constituye así un nexo normal y necesario con la sociedad. La necesidad de información se manifiesta siempre en una forma histórica concreta. Esta necesidad objetiva viene determinada por el nivel de desarrollo de las fuerzas y relaciones de producción. Es objetiva porque, aunque vinculada a la existencia del hombre, existe fuera de la conciencia de éste. Su reflejo subjetivo se manifiesta en las exigencias y demandas de información planteadas a escala colectiva o individual.

La necesidad objetiva de información determina la exigencia de información en una situación concreta por parte de un grupo social o de un individuo, una vez reconocida por el sujeto. Esta necesidad expresa las relaciones sociales existentes entre los individuos y los grupos con el conjunto de la sociedad y con la naturaleza. Constituye así un factor vinculador e integrador en la sociedad y cristaliza en la correspondiente política informativa de los partidos y gobiernos.

Necesidad subjetiva de información

La necesidad subjetiva, la necesidad interna sentida por el sujeto, constituye una relación general, esencial, relativamente constante, del hombre con su entorno natural y social. Persigue la apropiación de este entorno interactuando con él. El hombre satisface esta necesidad al confirmarse como sujeto de este proceso.

La necesidad subjetiva constituye una unidad global de necesidades físicas y sociales, especialmente necesidades de conocimiento, de desarrollo de la personalidad y de trabajo creador.

La necesidad subjetiva de información es el deseo del sujeto de participar en el proceso social de comunicación. Se apoya en otras necesidades materiales o ideales. La necesidad subjetiva de información pone de manifiesto los intereses personales por participar en la información social y aparece como la contradicción existente entre las informaciones que el sujeto necesita para el dominio de su proceso vital y las que realmente están a su disposición.

Esta necesidad presenta dos aspectos. Por un lado, la necesidad de ser informado y, por otro, la de informar a otros. El primer aspecto constituye el impulso subjetivo que induce al individuo a la recepción de informaciones periodísticas, el segundo constituye la base del trabajo de los periodistas.

En periodismo, la recepción de información implica la búsqueda, recogida y ordenación de hechos y enunciados verdaderos sobre los hechos de significación general para la vida social actual, esto es, que son de actualidad. En el proceso de creación periodístico hay que distinguir entre la recepción general de información y la especial. Mediante la primera, el periodista se procura constantemente conocimientos acerca del desarrollo actual de su entorno social. Estos conocimientos son el presupuesto más importante para el hallazgo de ideas periodísticas, temas, etc.

La recepción especial de información estriba en la obtención de conocimientos y materiales para una colaboración periodística concreta. Su extensión y objetivos están determinados esencialmente por el tema y la intención del periodista.

Fundamentalmente hay dos vías para la recepción de información:

a) el contacto directo con la realidad a través de la propia percepción sensorial; y

b) el contacto indirecto, es decir, a través de los conocimientos de otras personas, objetivados en documentos escritos, estadísticas, grabaciones, etc.

La información recibida como resultado de la experiencia individual no es suficiente, a pesar de toda su importancia y por sí sola, para guiar a los hombres en su interacción con el entorno social y natural. También necesita la experiencia y los conocimientos de los demás, la información indirecta aportada por las generaciones pasadas y por la actual.

Interés informativo

Una de las cuestiones cardinales que cabe plantearse acerca de la sociedad actual es si el ciudadano medio está correctamente informado, si recibe demasiadas informaciones o, por el contrario, demasiado pocas, si sus intereses informativos responden o no a las necesidades actuales de información.

A lo largo de milenios, la humanidad ha cubierto sus necesidades de información con el padre de familia que leía la predicción del tiempo en el cielo, con las viejas y magos que auguraban el porvenir, con los mensajeros y viajantes que hablaban de guerras y pestes, trayéndolas a menudo ellos mismos. Hoy día esto ya no es posible. No obstante, parece que la humanidad no ha aprendido aún a desarrollar la diversidad de posibilidades que permiten la individuación. El proceso de individuación, del desarrollo de la personalidad, es un proceso activo que requiere bastante esfuerzo personal e implica la recepción y aceptación de informaciones y verdades tal vez "desagradables", pero necesarias para la transformación y el enriquecimiento material y espiritual de su existencia. Parece haber cierto "miedo a la información".[6] Son todavía escasas las personas dispuestas a pagar los costes de la individuación, de ahí que sea pequeña la demanda de información significativa. A juzgar por lo que la inmensa mayoría de la gente prefiere leer en la prensa, oir en la radio y ver en la televisión, lo que se desea son informaciones "agradables": el espectáculo que ofrece la vida y el ocio ostentativo de la alta sociedad y de los "populares", las peripecias de la vida privada de tal o cual político, lo que, en términos periodísticos se denomina "información de interés humano". Parece que el ciudadano de a pie no está interesado en recibir informaciones que desafían la propia imagen del mundo, que exigen su transformación e incitan a la autocrítica y a la autocorrección.

El público de los periódicos y revistas de gran tirada, las grandes audiencias de radio y televisión desean saber lo que ya conocen. Busca las informaciones y comunicaciones que confirman su imagen del mundo, la ideología propia, las noticias y comentarios que "le van", y desecha las informaciones sobre hechos que "no le van" que no le desilusionen.

En consecuencia, una de las principales tareas que se les plantea a los informadores y a los medios de información estriba fundamentalmente en fomentar el interés informativo, en reforzar la voluntad de información. Es un hecho demostrado que cuanto más se lee, más se quiere leer, cuanto más se sabe, más se quiere saber. Querer información significa, sobre todo, querer saber la verdad sobre sí mismo y sobre los demás, estar dispuesto a hacer el esfuerzo necesario para aumentar el caudal de informaciones sobre el entorno para conocerlo mejor, dominarlo y, de este modo, alcanzar cotas más altas y amplias de libertad. El hombre es más libre y amante de la verdad cuanto más dispuesto está a admitir informaciones desilusionadoras, cuanto más pierde el "miedo a la información".

Finalmente, como dice M. Vázquez Montalbán, «el interés informativo está condicionado por la necesidad de sobrevivir también en el ámbito de mercados informativos progresivamente reducibles, el continental, nacional, regional, local, hasta la más mínima dimensión interpersonal».[7] Habría que analizar más a fondo el aspecto mercantil de la información a fin de averiguar con más detalle las causas y las motivaciones que inducen al consumo de ciertas informaciones. Es probable que si se acentuase el valor de uso en menoscabo del valor de cambio de la información, aumentase de manera considerable el interés informativo de los ciudadanos.

6. Cfr. Friedrich Heer, "Angst vor Information" en Paul Hübner (ed.), *Information oder herrschen die Souffleure?* (Rowohlt: Reinbek bei Hamburg, 1964), págs. 50-56.

7. M. Vázquez Montalbán, *Las noticias y la información* (Barcelona: Salvat, 1975), pág. 30.

Valor de la información

En la sociedad de libremercado, la información es una mercancía más, y, como tal, tiene un **valor de cambio** determinado por las correspondientes leyes del mercado. Las noticias se producen, se venden y se compran como otro artículo cualquiera. Esto significa que se produce lo que se vende, lo que resulta rentable, y da beneficio a los dueños de los medios de producción informativa. La industria de la información es hoy una de las industrias punta, una de las más concentradas y monopolizadas y, asimismo una enorme fuente de beneficios, no sólo económicos directos.[8]

Pero la información tiene también, como mercancía y como producto del trabajo del hombre, un **valor de uso.** Aunque se han estudiado algunos aspectos de los usos y gratificaciones de la información y de la comunicación social, queda aún mucho por investigar en este terreno.[9] Está por analizar cómo transformar el valor de cambio de la información en valor de uso enriquecedor y emancipado de sus usuarios y consumidores, cómo hacer que la información sirva a los intereses de éstos y no a los de los poseedores, vendedores y comerciantes de la misma, o a los de los burócratas que la utilizan en beneficio propio y no en el de la inmensa mayoría de la población.

El carácter y extensión de este trabajo sólo permiten apuntar algunas determinaciones referentes al valor de la información y señalar, tal vez, el camino de futuras investigaciones. Asimismo, razones de tipo teórico afines al quehacer intelectual de su autor inducen a soslayar las cuestiones del valor de cambio, propias de los economistas, y a centrarse en algunos aspectos del valor de uso de la información.

La utilidad para sus usuarios, receptores y consumidores, es lo que determina, por tanto, el valor de uso de las informaciones. Ahora bien, dado que tanto productores como consumidores, tanto emisores como receptores, tanto periodistas como lectores, radioyentes o telespectadores, persiguen determinados objetivos con la información, conviene distinguir entre:

a) el valor que tiene la información para los periodistas o el grupo de intereses en cuyo nombre o por cuyo encargo actúan, y

b) el valor de la información para los receptores potenciales.

La base para determinar el valor de la información la constituye en cada caso la posición social concreta, de la que se derivan igualmente los objetivos básicos de la elaboración y recepción de informaciones. El valor de la información viene determinado en ambos casos por ella y por otros factores objetivos, así como por las propiedades de la información.

El valor de información para los periodistas designa la relación o el grado

8. Véase, por ejemplo, los últimos títulos de Alvin Tofler, *El shock del futuro* (Barcelona, 1971) y *La tercera ola* (Barcelona, 1980); J. J. Servan-Schreiber, *El desafío mundial* (Barcelona, 1981) y Ch. Evans, *El fabuloso microprocesador* (Barcelona, 1979, 2.ª edición 1981).

9. Entre la bibliografía sobre los usos y gratificaciones de la información y comunicación social cabe mencionar el trabajo reciente de M. Martín Serrano, *El uso de la comunicación social por los españoles* (Madrid: CIS, 1982).

de concordancia existente entre los efectos pretendidos por ellos y los efectos reales. Este valor, que presupone la recepción masiva de las informaciones periodísticas, depende, entre otras cosas, de los conocimientos que se tengan sobre las leyes de formación de conciencia y de las posibilidades objetivas de alcanzar los objetivos perseguidos. El valor será entonces tanto mayor cuanto más concuerden los intereses de los periodistas, o de los grupos que representan, con los de los receptores potenciales de sus informaciones.

El supuesto de la determinación exacta del valor de la información para los periodistas estriba, sobre todo, en un sistema fiable para la investigación de los efectos, es decir, los cambios de comportamiento motivados en los receptores por la información y la interacción comunicativa.

El valor de la información para los receptores potenciales designa la importancia objetiva de aquella para éstos. Este valor depende esencialmente:

a) del grado de concordancia de intereses entre periodistas y receptores;

b) de la medida en que los contenidos de las informaciones respondan a las necesidades de los receptores;

c) de la medida en que los receptores estén previamente informados acerca del contenido de las informaciones.

Ahora bien, los intereses, necesidades y gustos son muy diferentes, la difusión de informaciones periodísticas diferenciadas es el supuesto de un elevado valor de la información.

4. La capacidad de información

Capacidad de información

La capacidad de información de una sociedad se refiere a su conocimiento científico, tecnológico y organizativo, y a la existencia de medios efectivos para obtener, almacenar, procesar, transmitir y utilizar información. En su forma más general, puede decirse que el progreso de una sociedad depende de su infraestructura material e informacional. La tasa de aumento de conocimientos y de acumulación de información válida es un indicador importante del progreso social, aunque haya otros.

La información no aumenta la producción de bienes materiales y espirituales. Sólo es útil cuando se encarna en un equipo tecnológico, en productos culturales, en el conocimiento y la experiencia de las personas, en formas de comunicación entre ellas. La producción de información es una de las formas de producción intelectual. Dentro del contexto de cada formación social concreta, la información en general y la información social, política y cultural, en particular, desempeña un papel ideológico importante.

Frente a los agoreros que hablan en términos catastróficos acerca de la "explosión informativa", el aumento de la capacidad de información, la elevación del nivel de conocimientos mediante métodos epistemológicos y lingüísticos adquiere una importancia cada vez mayor. La intensificación y racionalización de los procesos de información es un aspecto constante del avance de la humanidad. Leibniz, por ejemplo, se planteó ya la tarea de cómo expresar el máximo de conocimiento en un mínimo de extensión. El ahorro de señales para condensar y transmitir información con mayor rapidez es una constante histórica. Los lenguajes artificiales, modelos, etc. se han creado y se crean con este propósito. Es bien sabido que la medida de la capacidad de información, expresada en signos, es inversamente proporcional a la cantidad de signos empleados para registrar esa información.

Ciertamente, la capacidad de información comprende, como dice V. Afanasiev, algo más que la cantidad de información tal como se contiene en los signos. La capacidad de información se expresa también en la riqueza, comprensión, contenidos y utilidad de la información, así como en los corolarios, aplicaciones y previsiones que se derivan directamente de esa información.[1]

Desde el punto de vista de la teoría clásica de la información, que se ocupa de los procesos de transmisión de mensajes por canales de comunicación y desde el de la teoría de la probabilidad derivada de ella, la capacidad y el contenido informacional de un mensaje aumenta en la medida en que disminuye la incertidumbre.

Capacidad de asimilación

A medida que el hombre adquiere y utiliza la información se efectúa un proceso de reducción que recorre varias fases. La primera de ellas consiste en la recepción de los signos y símbolos y en el estudio de las relaciones existentes entre ellos. La segunda se refiere a la traducción de toda la información al nivel semántico y, por tanto, a la cognición. Ahora bien, como no puede entenderse toda la información, solamente se traduce al nivel semántico una parte de la contenida en el cúmulo de signos. La tercera fase estriba en la reducción semiótica de la información, vinculada a la selección de la información válida entre el conjunto de la información percibida. Como resultado de este proceso, se reduce el volumen de la información, aunque aumenta su importancia y valor para el usuario.[2]

Como regla general, se puede afirmar que la capacidad de asimilación de información por parte de los individuos depende en gran medida de las cualidades del propio individuo y de sus intereses y preocupaciones. Cuando la información se corresponda con éstos, se asimilará mejor. En tal caso, incluso aunque haya perturbaciones y ruidos que dificulten su percepción, el interesado hará los esfuerzos necesarios para conseguir la información deseada. Así ocurre, por ejemplo, con la escucha de las emisoras que transmiten hacia países totalitarios y que, a pesar de las interferencias metidas en su programación, gozan de una audiencia más o menos constante de radioyentes fuertemente motivados.

En los casos en que exista desviación o divergencia entre los intereses de la persona receptora y la información transmitida, esta última no se percibe, o sólo se hace de una forma superficial. Los estudios efectuados a este respecto así lo confirman. Debe tenerse en cuenta, asimismo, que los intereses y preocupaciones de los individuos no permanecen constantes y que cambian bajo la influencia de la información.

Por otro lado, el empleo de medios científicos y técnicos y la creación de

1. V. Afanasiev, *op. cit.*, pág. 354.
2. Cfr. *Ibid.*, pág. 355.

sistemas informacionales puede coadyuvar a las limitadas capacidades del hombre para asimilar y procesar información. En este sentido, la información especializada, aquella en la que los objetivos de los emisores concuerdan con los intereses y necesidades de los receptores, tiene un futuro brillante. En esta dirección parecen apuntar los desarrollos más avanzados. La especialización puede asegurar ese futuro para los medios periodísticos de información.

Para poder asimilar la información se requiere un mínimo de reflexión. Recibir informaciones es una cosa y comprenderlas y elaborarlas, otra bien distinta. Para efectuar esta segunda operación, el cerebro no puede estar sometido a un bombardeo constante de informaciones, pues en tal caso no tendrá tiempo para ordenarlas, para distinguir lo esencial de lo superficial, lo necesario de lo superfluo, lo espiritualmente enriquecedor de lo degradante y mutilador de la personalidad. El bombardeo incesante de informaciones impide integrarlas en conocimientos que contribuyan al desarrollo armónico de la personalidad.

Abundancia de información

Como ya se ha dicho en las páginas anteriores, son numerosas las manifestaciones que caracterizan el período histórico actual como época de superproducción informativa. El supuesto exceso de informaciones y mensajes que inundan el mercado y los sentidos del hombre se suele calificar en términos peyorativos y alarmistas. Juan Maestre Alfonso habla incluso de "contaminación informativa".[3] Los argumentos aducidos parecen bastante convincentes.

La proliferación de los medios de información y comunicación, especialmente el desarrollo experimentado en los últimos años por la radio, la televisión y los medios electrónicos, su miniaturización y abaratamiento, hacen que resulte enorme el número de mensajes e impactos informativos recibidos diariamente por el hombre, sobre todo en las denominadas sociedades avanzadas.

El peligro de contaminación e intoxicación informativas no sólo se da por el exceso de producción, sino por las informaciones interesadamente tendenciosas lanzadas al mercado. La concentración prácticamente monopólica, de la producción informativa de carácter internacional permite dirigir las informaciones conforme a los intereses de los productores. A esto se suma la confusión creada en los receptores por la difusión de mensajes absurdos o contradictorios, como es el caso de la publicidad de las campañas electorales en los países con democracia política. Por ejemplo, en el terreno político existen partidos y alianzas "populares" que se cuelgan este adjetivo para conseguir el voto del pueblo, pero sin tener nada de populares, sino más bien todo lo contrario. O bien, se dice que el detergente X "lava más blanco" que el Y "lava mejor" o que el Z "deja una blancura azulada".

3. J. Maestre Alfonso, *op. cit.*, capítulo 7.

Esta saturación de mensajes contradictorios y confusos refuerza la manipulación de la opinión pública, crea pautas de comportamiento desacordes con los intereses reales de los usuarios y consumidores de la información y, por tanto, repercute negativamente en su salud mental. En este sentido tiene, pues, un efecto contaminante.

Los elementos difusores de información contribuyen asimismo a otra de las contaminaciones modernas: el ruido. En algunos países, como Francia, por ejemplo, se ha prohibido el uso de los transistores en los parques nacionales. La música, otras veces vehículo de expresión y comunicación, se ha reducido en muchos casos a nuevo ritmo ensordecedor. Se fomentan las emociones primitivas, adquiriendo así un carácter regresivo. Se difunden de manera persistente y monótona mensajes que ensalzan la individualización, la desconfianza hacia el entorno social, la separación del individuo respecto de sus compañeros: hay que ser uno mismo y mantener el mínimo indispensable de relaciones sociales. Esta fragmentación dejará al ser humano aislado e incapacitado para la acción solidaria. Mutilado del diálogo enriquecedor, del contraste de pareceres, del intercambio de informaciones, en suma, de la interacción comunicativa, se convierte en presa fácil del consumismo. Ya no se es por lo que se sabe, sino por lo que se tiene, o peor aún, por las deudas que se tienen. La experiencia humana y, como resultado de ella, la conciencia, queda espiritualmente empobrecida, por muchos aparatos modernos que se compren o muchas discotecas que se visiten. Estudios recientes realizados en los EE.UU. confirman no sólo la pérdida de audición en las últimas generaciones, sino también una pérdida de articulación. Los jóvenes universitarios tienen cada vez más problemas de expresión lingüística, es decir, con el dominio conceptual de la realidad.

Dentro de este contexto, también se destaca el despilfarro practicado, directa o indirectamente, con la información. No sólo se satura el ambiente con mensajes publicitarios que acepta una porción muy pequeña de la población. También se editan periódicos con un número excesivo de páginas que casi nadie lee en su totalidad. El lector medio dedica entre 30 y 35 minutos a leer un diario que se suele acercar al centenar de páginas. El dominical de un periódico de gran tirada de los EE.UU., que suele incluir varios centenares de páginas, exige la tala de varias decenas de hectáreas de bosque para la fabricación del papel prensa empleado en la confección de un periódico que se tardaría más de un día en leer. La mayor parte del mismo está dedicada, por supuesto, a los anuncios de los grandes almacenes y cadenas comerciales y de alimentación. Se tiene, por tanto, una saturación de informaciones, la mayoría de las cuales no interesan, otras coartan la libre emancipación del individuo o son contradictorias con los intereses de la mayoría.

Abundancia de información y escasez de comunicación, este parece ser uno de los rasgos distintivos de la llamada "sociedad avanzada" de hoy. Se dan hechos tan contradictorios como que el número de personas que sufren hambre sea superior al de televisores, o que las antenas de televisión precedan al alcantarillado de barrios y ciudades; que Bolivia tuviese emisora de televisión antes que agua corriente en las ciudades.

Estos y otros aspectos de la información, nocivos para el desarrollo armónico de la personalidad, suscitan cada vez más la atención y preocupación tanto de estudiosos como de organismos nacionales e internacionales particularmente de la UNESCO. La contaminación informativa se considera ya parte de las contaminaciones que hay que combatir en aras de un medio ambiente más sano y más acorde con las necesidades humanas. Los aspectos culturales tienen mucho que ver con la preservación de los recursos físicos y espirituales y con la lucha contra su degradación.

A pesar de esta proliferación de informaciones, las posibilidades del ciudadano sencillo para informarse son escasas. Quien, por su profesión, no sigue diariamente los principales productos de la prensa, y, por tanto, tiene la posibilidad de comparar las diversas versiones de la misma noticia en varios periódicos o de contrastarla con su fuente, apenas puede formarse un juicio fundado. Hay que buscar con lupa, leer entre líneas, repasar datos, husmear las indicaciones, distinguir entre información y comentario y confrontar los hechos así hallados para ver el todo en su nexo causal. El obrero, la dependienta, el oficinista, la enfermera, etc., que llega a casa tras un día de trabajo, la propia ama de casa agobiada con sus tareas rutinarias y acuciantes, ¿de dónde va a sacar la concentración que exige semejante esfuerzo? ¿Dónde adquirir los necesarios conocimientos previos que nadie le ha proporcionado?[4]

La comprensión y posible solución de estos problemas exige el análisis de la situación económica concreta, de las relaciones sociales y de la determinación de éstas por las condiciones sociales. Ello ayudaría a explicar la contradicción entre depauperación mental de las masas en medio del exceso de producción informativa.[5]

Finalmente, puede decirse que la abundancia de información reduce la medida de comprensión y precisión de la información, por lo que, en este sentido, resulta inútil. Si, por el contrario, la información abundante permite que las personas se comprendan mejor entre sí y corregir los errores y distorsiones existentes, resultará útil. La falta de información ocasiona grandes pérdidas y distorsiones. Si se utiliza correctamente, la información puede elevar el nivel de conocimientos, de conciencia, y contribuir así a ampliar el dominio de la necesidad y, por ende, ampliar el dominio de la libertad. El esfuerzo por alcanzar la cantidad óptima de información exige sin embargo, la mayor reducción posible de información superflua, lo que, a su vez, requiere una mejor organización y aprovechamiento de los canales y corrientes de información, el perfeccionamiento de quienes la reciben, la creación de formas más válidas y provechosas de información.

En este sentido, y desde la perspectiva de los informadores, de los periodistas, la aparición de nuevos aparatos electrónicos, almacenadores de seña-

4. Cfr. Gerhard Schoenberner, "Meinungslenkung contra Information", en *Information oder herrschen die Souffleure?*, págs. 57-72.

5. Cfr. Lothar Bisky, *Crítica de la teoría burguesa de la comunicación de masas*, estudio preliminar y traducción de Vicente Romano (Madrid: Ed. de la Torre, 1982, capítulo IV).

les, los llamados "depósitos de información", permite a los nuevos comunicadores dedicar sus energías, a la información actual y a la reflexión crítica, a ser productivos, esto es, a transmitir una imagen de la realidad y no a reproducirla ni a repetirla.

La selección de información

La abundancia o el exceso de producción hace que, en las sociedades occidentales avanzadas, los individuos se hallen expuestos a una gran cantidad de informaciones que carecen de utilidad o significación para ello, viéndose en la obligación de seleccionar. Ahora bien, dado el carácter de los medios de información, es muy limitada su posibilidad de seleccionarlos. En los países socialistas actuales, y por lo poco que de ellos se conoce a este respecto, sus ciudadanos sufren un bombardeo mucho menor al no existir la publicidad comercial. No obstante, la ausencia de pluralismo político y el dirigismo de la información también los priva de la posibilidad de contrastar las informaciones y proceder, por tanto, a la selección.

De todos modos, el marco en el que se realiza este trabajo es el de una sociedad de libre mercado, relativamente avanzada, y en él incumbe quedarse.[6]

Así, pues, dentro de esta última sociedad, es lógico que los informadores, los productores de información, se orienten por razones comerciales. En el mercado se colocan, por tanto, aquellas informaciones que mejor se venden. Para ello se tienen en cuenta los gustos del público receptor, por un lado, y los llamados "intereses nacionales", por otro, especialmente para las grandes agencias europeas bajo influencia estatal. La selección y tratamiento de la información, de las noticias, viene determinada, en términos generales, por estos dos efectos. El paso siguiente de selección, de filtración y elaboración del material informativo, se da en la redacción de los medios. Es sobradamente sabido que la redacción de cualquier medio no puede publicar el material que diariamente afluye a ella. Lo que importa es saber los criterios de selección aplicados y si ésta se efectúa por la importancia objetiva.

Los medios de masas se rigen casi con precisión matemática por la comerciabilidad rentable de los llamados temas de "human-touch", pues, es este supuesto toque humano el que garantiza las ventas. La llamada prensa seria, por su parte obtiene resultados parecidos, aunque por otros medios. La relación entre la importancia de un hecho y el lugar que se le concede es también desproporcionada. La regla general parece consistir en desplazar todas las informaciones contrarias a los estereotipos dominantes o que pudieran despertar

6. Para poder analizar las pautas de selección en los denominados países del "socialismo real" habría que disponer de mayores conocimientos, proporcionados no sólo por los estudios realizados en esas sociedades y prácticamente desconocidos en España, sino también en los conocimientos adquiridos por la vida propia en esas sociedades. La experiencia que el autor de este trabajo tiene a este respecto no la considera aún suficiente.

inquietud. Las noticias deseadas son las que dominan las primeras páginas y los titulares. Las noticias no deseadas se colocan en el lugar más desfavorable, ocupan menos espacio, se transmiten con retraso o incluso se callan. El cambio que experimenta la información a través de las diversas instancias de control responde a un aumento de su contenido propagandístico.[7]

Es éste, el de las instancias de control, los filtros o *gatekeepers* como se conoce en la terminología inglesa, un aspecto bastante estudiado, tanto en el ámbito anglosajón como en el alemán. Las investigaciones sobre la figura del *gatekeeper* han supuesto una desmitificación del periodista independiente, creador autónomo de sus mensajes. Incluso los *gatekeepers* profesionales que trabajan en la burocracia informativa de las agencias de prensa o de las grandes redacciones ocupan nuevas posiciones de paso. Quienes toman las decisiones importantes que determinan el contenido de las informaciones son un número relativamente pequeño de personas. Estas posiciones quedan más esclarecidas, si, además del propio proceso informativo, se analizan las relaciones de poder, la transmisión de normas selectivas o la relación de la organización informativa con la estructura de dominio social.[8]

Contradicción entre volumen de producción y capacidad de asimilación

Si se mira bajo el aspecto informacional de la evolución humana, se observa una contradicción entre el volumen creciente de información y la capacidad del hombre para asimilarla. No es un problema reciente, pues ya lo discutieron Montaigne, Descartes, Spinoza y Leibniz. Pero la contradicción se ha agudizado en la época actual, donde cada cinco años, aproximadamente, se duplica la cantidad de conocimientos.

El hombre se las ha arreglado, sin embargo, para superar esa contradicción a medida que avanza la ciencia y la tecnología. Como dice Afanasiev,[9] este progreso se refiere, sobre todo, al tratamiento selectivo de la información por parte del hombre, al aumento de la capacidad de la memoria humana, al aumento de la capacidad de la propia información y a la racionalización e intensificación de los procesos informacionales, así como a la aplicación de medios científicos y técnicos, cada vez más avanzados, para trabajar con la información.

El tratamiento selectivo de la información presupone que los individuos conocen su campo de especialización y su papel dentro de la sociedad, así como sus tareas correspondientes. Presupone igualmente que son capaces de orientarse entre el cúmulo enorme de información disponible y de seleccionar

7. Cfr. Gerhard Schoenberner, *op. cit.*, pág. 59.
8. Cfr. Vicente Romano, *Los intermedios de la cultura* (Madrid: Pablo del Río, 1977); Roland R. Rückel, "Informationsfluss und redaktioneller Entchedung", en *Publizistik*, Heft 4, 14 Jahrgang 1969; Christian Kristen, "Nachrichtenangebot und Nachrichtenverwendung", en *Publizistik*, mismo número y año que el anterior.
9. Cfr. V. Afanasiev, *op. cit.*, págs. 351 y ss.

y utilizar la información que necesitan. Las posibilidades de mejorar la orientación de los individuos con respecto a la información son prácticamente ilimitadas.

Por lo que respecta a la memoria humana, sus posibilidades aún no se han desarrollado al máximo. Se cree que, a lo largo de su vida, el ser humano emplea aproximadamente una décima parte de su potencial creador y que tan sólo el cuatro por ciento de las neuronas del cerebro humano trabajan activamente. De ahí que sea importante indagar los métodos y técnicas pertinentes para aumentar la capacidad humana de asimilar información.

La ciencia ha elaborado toda una serie de conceptos y teorías que constituyen una intensificación y racionalización de la información, así como un medio eficaz para conseguir un máximo de expresión en un mínimo de extensión. Lo característico de estas formas de información científica radica en su interconexión lógica, lo que permite derivar de ellas todas una serie de corolarios, aumentando así el conocimiento.

El número de signos utilizados para expresar la información se reduce de manera constante. Se desarrollan formas económicas para el transporte y almacenaje de información.

Es cierto que la existencia precede a la conciencia y los cambios se dan en el mundo antes de que ocurran en la conciencia. Esto da lugar a una insuficiencia de información y a la necesidad del desarrollo constante de la educación y del intelecto, a la adición constante de nuevas informaciones. El proceso de transmisión y adquisición de información es un proceso creador que no sólo comprende la obtención, el filtrado y el procesamiento de datos y conocimientos, sino también una selección que contribuya a su asimilación rápida y eficaz.

5. Aspectos epistemológicos de la información

Información y conciencia

El hombre se distingue del resto de los animales por su capacidad de recibir la experiencia individual y colectiva de otros hombres e integrarla en la suya propia, elevando así su nivel de conocimientos, ampliando su dominio de la realidad entorno. Y, recíprocamente, la capacidad de comunicar la experiencia propia a otros hombres, de compartirla, es otro de los rasgos específicamente humanos. La conciencia humana, la toma de contacto con el mundo está directamente vinculada al medio humano, es decir, a la sociedad y a la cultura creadas por el hombre. De ahí que veamos y entendamos en forma de experiencia colectiva humana, conquistada solidariamente y acumulada en forma de pensamiento comunicable, en lenguaje. Las formas de decantar experiencia son, sin embargo, muy diversas.

La conciencia, el conjunto de la actividad psíquica del hombre encaminada al conocimiento de su medio y a la comprensión del mundo, surge de la acción y experiencia, de la interacción con el medio, en el que están incluídos los otros seres humanos, y, sobre todo, en relación con el trabajo, con la actividad creadora y modificadora de la naturaleza. A través de este proceso se descubre y conocen propiedades de la realidad, la propia relación con el medio, se organiza la acción nueva a fin de dominar la realidad, de subordinarla a las necesidades humanas y, por ende, acceder a un mayor grado de libertad.

Desde la perspectiva de la biología evolucionista, la conciencia humana no es sino la interiorización del medio humano, y este, a su vez, es la organización de la naturaleza circundante, lograda mediante la cooperación y guiada por el pensamiento verdadero. La actividad consciente crea un modelo interno del mundo externo, construido a base de conocimiento. Este modelo del mundo exterior consiste en un sistema de informaciones cuya estructura guarda cierta correspondencia con el mundo exterior.

La función cualitativamente nueva de la conciencia humana, culminación del desarrollo de la conciencia animal, estriba en ser órgano de la transformación activa y creadora del mundo, instrumento de la dirección y regulación de la vida social e individual. La conciencia no es, pues, ningún reflejo pasivo de la realidad objetiva, sino, actividad creadora y transformadora. La conciencia humana es un proceso activo de la conquista intelectual del mundo por el hombre.

Puede afirmarse, por tanto, que los procesos de adquisición de conciencia y de adquisición de conocimientos corren paralelos, y que el grado de conciencia y el conocimiento de la realidad entorno están inseparablemente unidos. De ahí que todo ser humano aspire a un nivel cada vez mayor de conciencia, de conocimientos, de comprensión y organización de la realidad, de su dominio y, en última instancia, de libertad. El terreno de las libertades individuales y colectivas se expande a medida que se amplía la conciencia, antes de pasar a la acción transformadora.

De lo expuesto más arriba se deduce que los procesos sociales de adquisición, transmisión e intercambio de conocimientos, o dicho de otro modo, los procesos de información social, tienen bastante que ver con la formación de conciencia.

Por consiguiente, la información actúa como una influencia activa en la conciencia y en el comportamiento de las personas. La información seleccionada conscientemente con un fin tiene una capacidad importante para convencer. Puede originar, así, cambios importantes en las formas de pensar, en las opiniones de los individuos y en la opinión pública, en la conciencia colectiva. Puede producir opiniones y comportamientos que se correspondan con los cambios exigidos por las condiciones históricas. Como forma de producción intelectual, la información desempeña un papel ideológico importante, como instrumento creador de conciencia y como instrumento manipulador de las mismas, según su forma de empleo y los intereses a que sirva.

Por regla general, se ofrece un cúmulo desordenado de informaciones, sin coherencia alguna entre ellas. Las noticias, por ejemplo, aparecen aisladas, mezcladas entre sí y entre informaciones y anuncios publicitarios que nada tienen que ver con ellas. Los hechos a que hacen referencia parecen no guardar relación ninguna unos con otros, como si se tratase de entidades independientes, a modo de mónadas leibnizianas. Reflejan un acontecer y una realidad fragmentados, inconexos y, por tanto, inexplicables. Al relativizarse la verdad en innumerables e incalculables verdades parciales, tiene que surgir necesariamente, a pesar de toda la pretendida libertad y seguridad de la formación de una opinión propia, el sentimiento inconfesado y, por tanto, doloroso, de no estar totalmente seguro.[1]

La conciencia de no saber del todo lo que es y lo que pasa, de que todo el mundo depende de factores desconocidos o inasequibles, refuerza la angustia engendrada por una sociedad ferozmente competitiva y de por sí insegura. Se

1. Véase para más detalle Wilhelm Emrich, "Information und Bewusstsein", en *Information oder herrschen die Souffleure?, op. cit.*

trata de un sentimiento de angustia que no se manifiesta como miedo, sino como incapacidad propia para conocer y orientarse.

En este contexto, el hallazgo de la verdad, no es, ni para los informadores ni para los informados, una cuestión de exceso o falta de informaciones, sino una cuestión de las fases angustiosas de la conciencia humana. Toda información debe verse e interpretarse en un contexto, tanto por el que la da como por el que la recibe. En una sociedad pluralista los contextos son divergentes y tienen que ser construidos o asociados. Lo que se suele denominar con la expresión "responsabilidad informativa" o "información responsable" no tiene tanto que ver, pues, con un hecho o cosa aislada como con la conciencia de las personas afectadas por las correspondientes informaciones y hechos. Pues, como dice W. Emrich, se puede aprender muchas cosas sin pensar, se puede reflejar muchos contenidos de conciencia sin tener un pensamiento propio. El contenido de verdad que realizan o no las informaciones depende de la capacidad intelectiva de los informadores e informados.

El conocimiento es siempre el resultado de la variedad de fenómenos y procesos que existe en la realidad objetiva, y al mismo tiempo de su coherencia, pues la realidad siempre es coherente. Pero el conocimiento adquiere un carácter específicamente informacional cuando se enfrenta al problema de seleccionar entre la variedad. El concepto de información como conocimiento no es casual, sino que constituye el eslabón entre la concepción sintetizadora de la información como variedad reflejada y la de información como orden.

Información, aprendizaje y conocimiento

Expresiones como "sociedad informada", "civilización de la imagen", "escuela paralela" etc., hacen referencia al entorno tecnológico actual, a un modo de presentar la información y de acceder al saber. Hasta el advenimiento y desarrollo masivo de los medios de transmisión de información, la escuela era la fuente básica de adquisición y distribución de conocimientos. En ella se moldeaba el comportamiento y se preparaba la socialización e integración del individuo. A la escuela le corresponde aún gran parte de la tarea epistemológica de enseñar, analizar, ordenar e integrar los conocimientos, así como la de comprender los distintos lenguajes que explican e interpretan el mundo. Enseñar consiste esencialmente en transmitir signos y aprender a manejarlos. Y la escuela sigue anclada, de forma casi exclusiva, en el lenguaje verbal, que, aunque vehículo básico para la transmisión y el intercambio de informaciones, no es exclusivo, ni mucho menos. El lenguaje de las imágenes, por ejemplo, queda reservado todavía a los medios masivos de distribución de informaciones, especialmente la televisión.

Es evidente que una educación emancipadora debería preparar a los educandos para poder orientarse y seleccionar entre los cuantiosos impactos informativos que reciben diariamente a través de los medios, fuera de las aulas. Una escuela que incluyese la enseñanza de los lenguajes de los medios, por ejemplo, produciría el distanciamiento necesario para generar una actitud crítica y más exigente hacia éstos. Semejante educación y aprendizaje obligaría así a la prensa, la radio y la televisión a mejorar la calidad de su oferta informativa y de su programación.

La expresión "aula sin muros" es algo más que una metáfora de McLuhan. Se ha comprobado que en la República Federal de Alemania, por ejemplo, el 65% de los contenidos de conciencia de los niños se forman bajo la influencia de la televisión.[2] La situación en España no puede ser mejor, puesto que los españoles ven, por término medio, una hora diaria más de televisión que los alemanes. Y, como es sabido, los niños ven más televisión aún que los adultos.

Ahora bien, como dice V. Gordon Childe, la educación no consiste en impartir a los jóvenes la información socialmente acumulada, sino también en dirigir su conducta y enseñarles a actuar.[3] Entre los aspectos esenciales de una educación valiosa se cuenta el de desarrollar en el educando un pensamiento crítico, autónomo. Y como es sabido, la sobrecarga de material, el exceso de informaciones, por lo demás incoherentes, conduce necesariamente a la superficialidad y a la falta de cultura, de conocimientos sólidos y bien fundados.

El proceso de aprendizaje implica la adquisición de capacidades que permitan mejorar la manera de vivir. Este proceso exige indagar la realidad circundante (análisis e investigación), extraer de ella un conocimiento (síntesis), que se evalúa y contrasta con la realidad precedente (primer *feedback*) transmitir este conocimiento a otros, o sea, convertirlo en bien cultural común (segundo *feedback*), y, finalmente, utilizar este nuevo conocimiento para transformar y hacer progresar el medio ambiente físico y espiritual. Por consiguiente, la transmisión de información implica una doble fase: el conocimiento del hecho, problema o estado de cosas (*Sachverhalt*) acerca del cual se quiere informar y la posibilidad de que esa información genere a su vez conocimientos.[4] Es decir, el proceso de aprendizaje, el proceso de adquisición y transmisión de conocimientos, es un proceso **activo**. Sin embargo, la organización actual de la información fuerza a los receptores a un consumo **pasivo** de los mensajes, poco enriquecedor, por tanto.

La actividad de la conciencia humana es el pensamiento, la acción proyectada necesariamente hacia el diálogo con los demás. No se puede pensar sino construyendo, con palabras, relaciones, conocimientos comunicables. La conciencia, la toma de contacto con el mundo, desde la primera instancia, «engarza directamente con el medio humano», como dice Faustino Cordón, lo cual significa que no se puede ver ni entender «sino en términos de la experiencia colectiva humana, conquistada en sociedad y recogida en forma de pensamiento comunicable, en lenguaje».[5] Puede decirse, por tanto, que cada conciencia humana no es sino la interiorización del medio humano en que vive, si-

2. Cfr. Albrecht, Erhard, *Weltanschaung. Methodologie. Sprache* (Berlín: Akademie-Verlag, 1979), pág. 92.

3. V.Gordon Childe, *op. cit.* pág. 90.

4. Cfr. M. Giacomantonio, *La enseñanza audiovisual* (Barcelona: Ed. Gustavo Gili, 1979).

5. Cfr. Faustino Cordón, *Pensamiento general y pensamiento científico* (Madrid: Ed. Ayuso, 1976), pág. 83.

gue Cordón unas páginas más adelante. Y, viceversa, el medio humano es la organización del entorno lograda gracias a la cooperación de todos y cada uno de los individuos humanos, guiada por el pensamiento.«Somos *tanto* más, *cuanto* más organizado, más dinámico, más rico en estímulos orientadores de nuestra conciencia sea nuestro medio humano. Y, recíprocamente, nuestro medio será *tanto* mejor para cada uno de nosotros, *cuanto* más previsoras y perspicaces sean las conciencias humanas que lo forman».[6] Para lograrlo se requiere que los hombres estén vinculados por «relaciones que exalten la eficacia individual en una cooperación tras objetivos de interés general». Cuanto más organizado sea el entorno y, en consecuencia, «cuanto más informado, más previsor, más integrador sea el pensamiento que guía las iniciativas individuales», tanto mayor será el grado de libertad potencial que una sociedad ofrezca a sus miembros.

El primer paso que dio el hombre por el camino del conocimiento fue «cuando dejó de limitarse a registrar los hechos aislando los unos de los otros y se puso, por el contrario, a agruparlos, a organizarlos para levantar con ellos un edificio».[7] El conocimiento debería ser una reproducción ideal del medio ambiente que sirviera de base a la acción cooperativa. Fundamentalmente se deriva de la experiencia. Una parte se obtiene a través de las percepciones de los sentidos, y otra a través de la educación recibida. Además, el conocimiento debe ser comunicable, y en tal sentido, público y útil, capaz de transformarse en acción satisfactoria. En rigor, como dice el antropólogo Gordon Childe, «el conocimiento debería reservarse exclusivamente para las informaciones que son comunicables».[8] Así, pues, la función primordial del conocimiento es práctica: proporcionar reglas para la acción. El conocimiento no debe limitarse a la contemplación, sino que debe guiar a la acción.

Cabe preguntarse ahora hasta qué punto contribuye la organización actual de la información, especialmente la periodística, a la obtención de este conocimiento orientador y verdadero. Ya se ha apuntado más arriba que las aspiraciones y comportamientos que propugnan los mensajes de los medios de información refuerzan la desorganización, el aislamiento y la pasividad de los receptores. Las noticias presentan los hechos aislados, desvinculados de sus causas, de las condiciones que motivaron su aparición, desconectados del sistema social que les confiere significación. La realidad no sólo se presenta de una manera parcial, fragmentaria, sino que «se define como efímera, transitoria, coyuntural y anecdótica por excelencia» sin los elementos de juicio que permitirían analizarla en un conocimiento activo.[9]

Hay que averiguar si las leyes que rigen la organización actual de la información, sobre todo el principio sensacionalista, forman parte de la propia ín-

6. *Ibid.* pág. 92.
7. André Richel, *Contribución al estudio del desarrollo humano* (Madrid: Ed. Ayuso, 1971), pág. 129-130.
8. V. Gordon Childe, *op. cit.*, pág. 13.
9. Cfr. A. Matlelart, *La comunicación masiva en el proceso de la liberación* (Madrid: Siglo XXI, 1973, 2.ª edición 1977), págs. 52 y ss.

dole de los medios de información modernos o si incumben tan sólo al concepto vigente que se tiene de ellos. La limitación a una exposición parcial y truncada del acontecer social impide que los hombres penetren en la esencia de los acontecimientos. Una prensa que se precie de ser un instrumento de formación y se tome en serio su deber de instruir a los lectores, tendría que ofrecer, además de las noticias diarias, resúmenes regulares que presentasen y analizasen los distintos acontecimientos individuales como parte de un proceso histórico. Ello exige asimismo una información exacta sobre la estructura social del país en cuestión. G. Schoenberner apunta las preguntas siguientes:

«¿Existen allí yacimientos mineros, a quién pertenecen las minas? ¿Vive la población de la agricultura, quién posee las plantaciones? ¿Qué papel desempeña la industria, qué produce y en manos de quién se encuentra? ¿Qué se exporta y adónde? ¿Cuál es la proporción del capital extranjero, quiénes son los inversores? ¿Cuál es el producto social y la distribución del capital? ¿Qué porcentaje de sus habitantes son analfabetos? ¿Tiene el país una Constitución democrática y se respeta? ¿Existen varios partidos, qué grupos sociales están tras ellos? En suma: ¿a quién pertenece el país?»[10]

Mientras permanezcan abiertas estas interrogantes, afirma con razón G. Schoenberner, las informaciones sobre los cambios de gobierno y los golpes militares, los motines, rebeliones y huelgas, los acuerdos diplomáticos y las intervenciones extranjeras serán necesariamente incomprensibles. La política se presentará como un sino irremediable y las guerras como catástrofes naturales. Cualquier pretensión de cambiar este mundo se entenderá como prueba divina, como obra de una conjuración mística. Quien pregunte por las causas reales, despertará sospechas.

La televisión, por su parte, constituye la única fuente de información para el 65% de la población española.[11] Y, como es bien sabido, tiende a fragmentar todavía más una población ya fragmentada. Su efecto hipnótico acostumbra al telespectador a una actividad mecánica, casi ritual, que lo separa del resto de la sociedad y lo inmoviliza. En semejante condición de aislamiento, los dos sentidos que se mantienen en funcionamiento parcial, la vista y el oído, no pueden beneficiarse de la habitual mezcla de información que utiliza el hombre para deducir un significado de su entorno. Mientras se ve televisión se realiza escaso aprendizaje que sea cognoscitivo, analizable y de base racional. La televisión entretiene mucho más que enseña. Más aún, la información televisada no sólo produce en el telespectador pasividad, sino también frustración.[12]

10. G. Schoenberner, *op. cit.*, pág. 60.

11. Cfr. Vicente Romano, "Ocio y comunicación de masas", en, *Documentación social*, 2.º trimestre, 1980.

12. Cfr. Vicente Romano, "Nuestra amiga la tele", *Diario 16*, 15 noviembre 1981, idem "La maldición de la TV", *Diario 16*, 14 febrero 1982; Bertram Gross, *Frienly Fascim. The new face of power in America* (New York, 1980) especialmente el capítulo Jerry Mander, *Cuatro buenas razones para eliminar la televisión* (Barcelona: Gedisa, 1981).

Ahora bien, entender y ser fiel en la acción a lo entendido equivale, como afirma F. Cordón, a realizarse humanamente, a interiorizar el medio humano, a ser protagonista de la cultura, a no estar alienado de ella. Organizada desde otros supuestos, la información, en general, y la información periodística, en particular, podría contribuir asimismo, y de forma decisiva a la animación cultural. Es decir, estimular a la gente a intentar experiencias que les ayuden a desarrollarse, a expresarse mejor, a sentirse miembros de una sociedad en la que pueden y deben ejercer una influencia, a una vida más participativa.[13]

Información y conciencia posible

El concepto de "conciencia posible" se debe a Lucien Goldmann, quien ha intentado relacionarlo con la información, tras haberlo aplicado en psicología y sociología.[14] Goldmann entiende la información como «transmisión de cierto número de mensajes, de afirmaciones verdaderas o falsas, a un individuo que las recibe, las deforma, las acepta o las rechaza o bien permanece sordo por completo y refractario a toda recepción». De este modo pretende abarcar en un proceso global los procesos individuales de emisión, transmisión y recepción.

La conciencia posible de un individuo o grupo social concretos no es la conciencia **real**, lo que efectivamente piensan, sino el límite de lo que pueden pensar y aceptar. Es lo que en la bibliografía marxista alemana se conoce con el término de *zugerechtes Bewusstsein*. La conciencia posible es, pues, el grado de adecuación a la realidad a que puede llegar un individuo o grupo social en cuestión. Para poder averiguar esos límites, o sea, la capacidad de asimilación del receptor, hay que partir necesariamente de lo que éste sabe y cómo lo entiende, de lo que su conciencia real permite pasar y rechaza. «El problema —dice Goldman— está en saber, no lo que piensa un grupo, sino cuáles son los cambios susceptibles de producirse en su conciencia, sin que haya ninguna modificación en la naturaleza esencial del grupo».

Por lo tanto, a la hora de informar, hay que tener en cuenta la posibilidad de información, es decir, hay que saber qué informaciones pueden ser asimiladas, qué otras pasan sufriendo modificaciones y qué otras no pasan.

El hecho de que una información no pase, puede deberse, en primer lugar a la falta de información previa, de conocimientos previos. Esta circunstancia no es, sin embargo, la más importante, pues, aunque se provea de todas las informaciones, hay problemas de recepción que no se deben a la insuficiencia de conocimientos previos.

Por otro lado, la capacidad receptora también puede deberse a la estruc-

13. Cfr. Finn Jor, *La desmitificación de la cultura* (Madrid: Ministerio de Cultura, 1979).
14. Cfr. Lucien Goldmann, "Importancia del concepto de conciencia posible para la comunicación", en *El concepto de información en la ciencia contemporánea* (Madrid: Siglo XXI, 1975), págs. 31-54.

tura psíquica del individuo, que hace que la conciencia real sea impermeable a unas informaciones y desvirtúe el sentido de otras. En tal caso, se requiere un cambio de la conciencia a nivel psicológico, no social.

En tercer lugar, dada la estructura de la conciencia real, ésta puede ofrecer resistencia al paso de ciertas informaciones. Ahora bien, los mecanismos de resistencia son epistemológicos y también son susceptibles de corrección.

Por último, se tiene el caso de que la información choca con los límites de la conciencia posible, y, para conseguir la transmisión, el grupo debe transformarse o desaparecer como tal. El conocimiento de la realidad no puede llegar más que hasta cierto límite máximo, compatible con su existencia como grupo. O sea, que se dan ciertas escotomizaciones o límites de comprensión.

Es sabido que existen informaciones cuya transmisión es incompatible con las características de un grupo social determinado que rebasan el máximo de conciencia posible. De lo que se trata, por tanto, es de averiguar cuáles son las informaciones que no pueden recibirse y asimilarse sin una transformación fundamental en la estructura del grupo o del medio social.

Una de las normas básicas para descubrir los límites máximos de conciencia posible, desentrañar y, en su caso, modificar las estructuras sociales descansa en la hipótesis de que todos los hechos humanos constituyen procesos de estructuración significativa. Ahora bien, la indagación de una estructura significativa y de sus nexos es un fenómeno de **comprensión,** del que se hablará más adelante.

Sintetizando, puede decirse que el concepto de "conciencia posible" es un instrumento importante para el estudio de la vida social, en general, y de la transmisión de mensajes y su asimilación, en particular.

La cuestión pertinente no estriba en saber lo que tal individuo o grupo piensa de tal o cual cosa, sino cuál es el campo de conciencia en cuyo interior tal o cual grupo de hombres y mujeres puede variar sus maneras de pensar sobre esas cosas o problemas, y «cuáles son los límites que su conciencia de la realidad no puede rebasar sin una profunda transformación previa».

No en vano, Lenin sostenía que la prensa revolucionaria debería discernir sobre el nivel de conciencia de sus lectores. Pero la información periodística es el objeto de estudio de la parte siguiente de este trabajo.

6. Estudio de la información periodística

Concepto de información periodística

La información periodística es una de las manifestaciones de la información social, es decir, de la transmisión de conocimientos y saberes sobre hechos y relaciones, especialmente de hechos nuevos. Se trata de una información continuada y periódica, es decir, repetida en períodos regulares de tiempo. Originariamente abarcaba los productos de la prensa periódica, pero hoy día comprende asimismo la información difundida por otros medios, como la radio y la televisión. Este origen se evidencia en el empleo que estos medios siguen haciendo de términos propios de la prensa, tales como "diario hablado", "telediario", "primera página", etc.

La información periodística ha creado a lo largo de la historia del periodismo estructuras básicas, relativamente constantes, que se apoyan en las formas de apropiación intelectual de la realidad y que han resultado necesarias para el cumplimiento de la función social del periodismo. Se trata de formas que responden a los diferentes tipos de informaciones, tales como noticias, artículos, comentarios, reportajes, etc.

La información periodística está en relación dialéctica con la argumentación periodística. En tanto en cuanto elabora nexos y fundamenta un determinado punto de vista, se convierte en argumentación. La información, en sentido estricto de comunicación de hechos, es, al mismo tiempo, elemento necesario de las argumentaciones.

Se supone que la información periodística, como cualquier otra información, aumenta el nivel de conocimientos. Sólo puede obtenerse información sobre aquellos objetos, personas, relaciones y acontecimientos que en cierto modo se desconocen. En este sentido, la información periodística es necesaria para la orientación. Se supone, asimismo, que es una información reducible al nivel de conocimiento del receptor-consumidor.

Desarrollo histórico de los estudios de información periodística

El estudio científico de un objeto exige conocer sus orígenes y su evolución histórica. Sin conocer el pasado no se puede entender ni juzgar el presente, producto de aquél. El desconocimiento histórico produce la degeneración de cualquier ciencia. Con la disciplina de la información periodística, del periodismo, ocurre otro tanto. De ahí que para entender su situación actual y descubrir las tendencias para el futuro, convenga una breve retrospección sobre los estudios de la información periodística.

El estudio teórico de la información periodística se inició poco después de surgir la prensa periódica a comienzos del siglo XVII. Ciertamente, estos primeros ensayos no pueden compararse a los estudios empíricos modernos ni a la descripción enciclopédica que distinguió el concepto de ciencia un siglo más tarde. A pesar de todo, Christophorus Besoldus (1577-1638), de Nurenberg, publicó en 1629 un "Thesaurus Practicus", una especie de diccionario, en donde trata los *Neue Zeitungen.* J. A. Comenio (1592-1670) recomendaba el empleo de las noticias periodísticas en las clases de historia ("Opera didactica omnia" III, Delineatio, parágrafo 77).

Desde un principio, los periódicos fueron publicaciones molestas. La incipiente burguesía creó el periodismo para fomento de sus intereses económicos y políticos, para imponer su ideología burguesa emancipadora contra el feudalismo y el absolutismo, contra el poder establecido. De ahí que la teoría fuese entonces crítica. Se escribía contra la "peste de los periódicos". El absolutismo pretendió someter las publicaciones periódicas de la época al rígido control de los príncipes.

Pero a lo largo del siglo XVII también se alzaron voces en defensa de los periódicos y de su lectura. El escrito más famoso fue el de Kaspar von Stieler (1632-1707), publicado con el título de *"Zeitungs Lust und Nutz"* (Placer y provecho del periódico), publicado en 1965. No se trata de un trabajo científico, sino de la recomendación que hace un experimentado político en favor de la lectura del periódico.

En otro orden de cosas, el Estado absoluista cambió el carácter de las universidades, convirtiéndolas en centros de formación de los funcionarios. Con ellos entró en las universidades la preocupación teórica por la información periodística. Hacia 1675, Otto Mencke (1644-1707), creador de la primera revista científica de Alemania, *Acta eruditorum,* utilizaba la información periodística en sus lecciones universitarias. La primera tesis doctoral sobre periodismo la presentó Tobias Peucer en 1690 en la Universidad de Leipzig con el título de "De relationibus novelles". En 1965 difundió la segunda otro teólogo de Leipzig y dos años más tarde se presentó una tesis doctoral sobre el derecho de prensa en Kiel. Por la misma época efectuó Christian Juncker (1668-1714) el primer intento de una bibliografía científica de las revistas, adelantando incluso una definición en el prólogo.

De estos modestos comienzos surgió en el siglo XVIII el estudio del periodismo como rama de la política. Aumentó constantemente el número de redactores eruditos y, con ello, la reflexión teórica sobre la actividad, la función y el efecto del periódico o la revista. J. G. Hamann (1730-1788), por ejemplo, ofrece una definición clásica del periódico: «una narración de los sucesos más nuevos y curiosos, impresa semanalmente sin orden ni conexión especial».[1]

El desarrollo del periodismo político desde finales del siglo XVIII y a lo largo del XIX hizo que los análisis efectuados se centrasen, principalmente, en los aspectos políticos de la información periodística, la influencia de la prensa en la opinión pública, su función sociológica, etc.

La ciencia del periodismo

El estudio sistemático y científico de la información periodística no se impuso, sin embargo, hasta comienzos del siglo XX en Alemania.

La primera universidad alemana que estableció una cátedra de periodismo fue la Leipzig en 1916. Después de Leipzig fue la Universidad de Münster la que desde el semestre del invierno de 1918/1919 aceptó también el periodismo como disciplina universitaria. A continuación lo hicieron otras universidades, destacándose entre ellas Munich, donde todavía se mantiene la vieja denominación de Instituto de Ciencia del Periodismo, y Berlín, con su Instituto de Publicística, dirigido durante tantos años por Emil Dovifat (1890-1969), denominado ahora, bajo la dirección de Harry Pross, Instituto de Semiótica y Teoría de la Comunicación.

La ciencia del periodismo se ha mantenido en Alemania como disciplina universitaria desde 1916 a 1945. Su objeto de estudio es el desarrollo, la función y la significación sociales del periodismo. En su primera fase la ciencia del periodismo (*Zeitungswissenschaft*) se orientó hacia cuestiones económicas o históricas. En su análisis científico cabía tanto la política informativa de las agencias oficiales o privadas de noticias como el volumen de anuncios de los periódicos y revistas o la significación política de los trusts de prensa.

La prensa se concebía como expresión de la conciencia social (W. Schöne, 1885-1943). Había que investigar la organización del periódico para poder describirlo como vehículo de transmisión de noticias y poder medir su influencia en la opinión pública.

Sin embargo, la ciencia del periodismo se estancó antes de alcanzar sus objetivos. La preocupación inicial por las condiciones económicas del periodismo se convirtió pronto en definición abstracta y en descripción histórico-cultural.[2]

Prakke describe así la situación: «Esta tradición académica, esbozada aquí a grosso modo, condujo con sus métodos histórico-descriptivos a valiosos trabajos previos. Pero al mismo tiempo suponía una especie de *establish-*

1. Cfr. Kurt Koszyk y Karl H. Pruys, *Wörterbuch zur Publizistik*, DTV (Munich, 1973, tercera edición), Prólogo; así como O. Groth, *Die Geschichte der deutschen Zeitungswissenschaft* (Munich, 1948, nueva edición Bremen 1969) de donde está sacado este resumen histórico.

2. Cfr. Kurt Koszyk y Karl H. Pruys, *Wörterbuch zur Publizistik* (Munich, 1969), pág. 396.

ment, una especie de baluarte, enfrentado en los tiempos más recientes a un desbordamiento de la disciplina. Al periodismo y a sus representantes les fue relativamente difícil aceptar el crecimiento de los nuevos medios, del cine primero y de la radio después, como una extensión deseable de su campo de investigación. De una parte puede que haya influido en esta actitud el hecho de que los defensores de la ciencia del periodismo fueran a menudo periodistas de profesión, y por otra también, que estos nuevos medios no gozaran de gran estima en las mismas universidades, y que incluso fueran considerados como algo pernicioso para la civilización. Todo esto puede haber contribuido a que la integración de los medios audiovisuales en la ciencia del periodismo no fuera posible de hecho, en la República Federal de Alemania, hasta después de la Segunda Guerra Mundial».

Ahora bien, si se concibe el periodismo como ciencia de la información (Karl D'Ester, 1881-1960), resultaba evidente que era necesario ampliar esta ciencia para dar cabida en ella a los medios audiovisuales, la radio y el cine, presentes ya como medios de comunicación social en los años veinte. Karl Jaeger fue el primero que formuló esta necesidad en 1926 al negar la existencia de la ciencia del periodismo y exigir su ampliación a ciencia de la publicística. El objeto de esta ciencia sería la comunicación como medio de expresión de la conciencia social. Este pensamiento lo recogió dos años más tarde Emil Dovifat (1890-1969) al hacerse cargo en 1928 de la cátedra del Instituto Alemán de Periodismo en Berlín.

Tampoco prosperaron los intentos de Hans Traub (1901-1934) por transformar la ciencia del periodismo en publicística e incluir así los nuevos medios de comunicación de masas, el cine y la radio.

Esta evolución se detuvo en 1933, con el acceso de los nazis al poder y la subordinación de los diferentes institutos de periodismo a su aparato de propaganda.

La crisis estalló abiertamente al terminar la Segunda Guerra Mundial en 1945. Tras la experiencia de la dictadura nazi no bastaba ya, desde un punto de vista científico, con limitarse a la descripción puramente histórica ni con someterse a un nuevo oportunismo político.

La publicística

Walter Hagemann (1900-1964), que en 1964 se hizo cargo de la dirección del Instituto de Publicística de Münster, fue quien marcó las pautas de la nueva orientación que tomó la investigación en torno a la comunicación pública. En 1947 aparecieron sus *Grundzüge der Publizistik*, (elementos de la publicística), que sentaron las bases de la nueva ciencia.

Para Hagemann, el objeto de la publicística estriba en la manifestación pública de contenidos de conciencia. Esta concepción permitía acoger en la publicística no sólo la prensa, sino también los nuevos medios del cine y la radiodifusión, así como la vieja retórica y la homilética medieval. Los medios publicísticos clásicos, el periódico y la revista, fueron objeto de análisis estructurales profundos y únicos por entonces en Alemania. Lo mismo puede decirse del film y la radiodifusión (radio y televisión). Prueba de ello son los tomos de la serie "Beiträge zur Publizistik", publicados entre 1950 y 1954.[3]

Hagemann concebía la publicística como una ciencia cuya tarea específica estriba en «transmitir conocimiento sobre las posibilidades y limitaciones del enunciado público, la peculiaridad del interés publicístico, la elaboración de los contenidos de conciencia, las leyes técnico-psicológicas, la aptitud especial de los medios de expresión empleados, los factores sociales y espirituales conforme a los cuales actúa el receptor, ya sea el individuo, el grupo o la masa, y conforme a los cuales percibe y transmite el enunciado (mensaje)». La publicística viene concebida así como una relación causal, vertical, en el sentido de doctrina de los "medios publicísticos de dirección" de E. Dovifat. El proceso de comunicación se entiende como un proceso dirigido desde arriba al receptor. El emisor (*Aussageträger*, exponente, portador del mensaje, según Hagemann) es el agente activo de la comunicación, mientras que el receptor desempeña un papel pasivo, de mero consumidor de mensajes. La comunicación discurre en una sola dirección, el publicista envía su mensaje, sirviéndose de unos medios y técnicas publicísticos, y espera obtener un efecto determinado. Para Hagemann, la función del mensaje se agotaba en su doble papel de noticia y de opinión.

En abril de 1959, por razones políticas no muy claras, Hagemann tuvo que abandonar Münster y refugiarse en la República Democrática Alemana.[4] En el otoño de ese mismo año empezó a enseñar en la Universidad Humboldt de Berlín Este.

En mayo de 1960 se hizo cargo del Instituto de Publicística de Münster el holandés Henk Prakke, que ya enseñaba publicística en Groningen. Con él se inicia una nueva dirección de esta ciencia. Desde el punto de vista de la docencia y la investigación, Prakke supo impulsar en torno suyo el trabajo científico de antiguos discípulos de Hagemann, como W. B. Lerg, F. Dröge y M.

3. Los libros que forman la serie son:
Walter Hagemann, *Die Zeitung als Organismus. Ein Leitfaden.*
Wilmon Haake, *Julius Rodenberg und die Deutsche Rundschau.*
Walter Hagemann, *Fernhören und Fernsehen.*
Idem, *Vom Mythos der Masse.*
Idem, *Der film, Wesen und Gestalt.*
R. Fröhner, *Kritik der Aussage.*
Publicados todos ellos en (Heidelberg: Ed. Kurt Vowinckel) y algunos imposibles de adquirir hoy día. Para un resumen de la argumentación de la publicación como ciencia véase E. Dovifat, "Publizistik als Wissenschaft", en *Publizistik*, Heft, 1956; y W. Hagemann "Bogriffe und Methoden publizistischer Forschung", *Ibid.*

4. Quienes entonces éramos sus alumnos quedamos sorprendidos. Hagemann, que era miembro de la CDU, el partido cristiano demócrata, empezó a participar activamente en el movimiento general contra el rearme del ejército alemán y en favor de la paz. Estas actividades le costaron la expulsión del partido. También se rumoreaba por el Instituto cierto asunto algo oscuro con la propia universidad. Era un hombre bastante autoritario en sus seminarios, aunque siempre correcto y amable con los estudiantes, al menos con los extranjeros.

Schmolke.[5] Los trabajos de Prakke y este joven grupo de investigadores han hecho, que durante cierto tiempo se haya hablado en Alemania de la "escuela de Münster" como escuela de la "publicística funcional".

Mientras el centro de la publicística sistemática de Hagemann lo constituían el publicista y el mensaje (*Aussage*), Prakke parte de la tesis de que toda publicística es un diálogo entre publicista (emisor, comunicador) y receptor. Ambos se encuentran ahora en un plano horizontal en el diálogo social. En palabras del propio Prakke: "Esta tesis llevó a la creación de un modelo funcional, tal como ha ocurrido también en otras muchas ciencias, como ayuda orientada hacia la teoría. Este modelo facilitó el reconocimiento de que el comunicador no necesita ser siempre la parte activa primaria de la comunicación y que, del otro lado, el receptor no es siempre el portador pasivo primario en el proceso publicístico. El publicista publica, pero el público toma el diálogo inspirando y reaccionando. Las expectativas del público determinan, no pocas veces y de modo considerable, la forma y el contenido de una publicación. "Función", en el sentido de la publicística funcional, designa, pues, la interdependencia de dos variables, la interdependencia del publicista y su público (o de los comunicadores y los receptores), que en una proporción de relaciones mutuas determinan juntos el proceso de comunicación. Asimismo, la sujeción situacional de los participantes a un determinado marco social o socio-cultural fija una interdependencia entre el logro del comunicador y el del receptor, resultados que, a su vez, podrían subdividirse en reflectores y estampadores. En el nuevo modelo no está ya el mensaje publicístico en el centro, sino todo el fenómeno de la comunicación entre los hombres. La ciencia de la publicística funcional es, pues, la doctrina de la comunicación interhumana, especialmente en sus resultados públicos de información, comentario y entretenimiento, y de su regulación social.

La publicística funcional ha supuesto un avance con respecto a las concepciones de Dovifat o Hagemann. Mas no por ello se ha visto libre de críticas y avances ulteriores.

La crítica ha partido de los propios colaboradores de Prakke, quienes han seguido de una manera consecuente el consejo del buen maestro liberal en el sentido de hacer avanzar aun más su ciencia. Así, por ejemplo, W. B. Lerg y F. W. Dröge hablaban ya en 1965 de un "principio dinámico" de la publicística.[6] Pero fue, sobre todo el segundo de estos autores mencionados el que con motivo del 70 cumpleaños de Prakke, formuló cinco años más tarde una crítica abierta del funcionalismo de su maestro.[7] Dröge reconoce la apor-

5. Todos ellos asiduos colaboradores de la revista *Publizistik*, además de detentar ya cátedras propias W.B. Lerg, mi viejo compañero de estudios y amigo, dirige desde 1969 el Instituo de Publicística de Münster. Sus principales aportaciones científicas están en el campo de los estereotipos y del análisis de la comunicación interpersonal. Cf. su libro *Das Gespräch. Theorie und Praxis der unvermittelten Kommunikation* (Düsseldorf: Bertelmann Universitätsverlag, 1970).

6. Vid. F. W. Dröge y W. B. Lerg, "Kritik der Kommunikationwissenschaft" en *Publizistik*, 10 (1965), págs. 251-284.

7. Véase Franz W. Dröge, "Der Funktionalismus in der Kommunikationswissenschaft", en *Publizistik*, año 15, cuaderno 2, 1970, págs. 93-97.

tación de Prakke al haber éste recuperado al público como elemento activo de la comunicación, haciendo hincapié en las necesidades comunicativas del público.

La publicística funcional concibe el proceso de comunicación social como satisfacción de las necesidades comunicativas de una mayoría de receptores por una minoría de emisores. Tras esta concepción se oculta, en opinión de Dröge, «el modelo liberal del mercado de productores y consumidores, cuyo intercambio fomenta el bienestar general; en el caso de la publicística, el entendimiento entre los hombres», intercambio resumido por Prakke en la frase: Toda publicística es diálogo. En este sentido habla Prakke de saltar los límites (*Entgrenzung*) de la publicística tradicional, de no limitarla a la comunicación de los medios y ampliarla a la comunicación interpersonal. La comunicación efectiva crea cierto equilibrio de intereses, mientras que el conflicto de éstos lleva a la ruptura de la comunicación.

Según el pensamiento liberal de Prakke, al que corresponde el modelo de la publicística funcional, la satisfacción de las necesidades económicas privadas (beneficios y ganancias de los emisores) se conseguirá al satisfacer las necesidades comunicativas de los receptores. Pero desde hace ya bastante tiempo, se sabe que la ley de beneficios no se rige precisamente por las necesidades sociales.

La publicística funcional excluye la motivación individual de aprender, así como los nexos y dependencias entre intereses económicos, de un lado, y necesidades comunicativas, de otro. La publicística funcional individualiza los distintos elementos o factores del proceso de comunicación y los analiza por separado, siguiendo así el ejemplo de la sociología empírica y de la investigación norteamericana en torno a la comunicación. Esta individualización, este análisis individual de cada factor, pierde de vista el nexo general, la unidd dialéctica. La armonía social del diálogo encubre los conflictos de intereses. La oferta de mensajes y las necesidades divergen considerablemente.[8]

Hacia una ciencia de la comunicación

En los dos últimos decenios el término "comunicación" ha desplazado a los de periodismo e información en los títulos de libros, ensayos e incluso las denominaciones de los centros de estudio e investigación. Del estudio del periodismo se pasó a la publicística, al incluir los otros medios de información y comunicación. Luego, la pretensión de incluir en la investigación todas las manifestaciones y formas de la emisión, recepción e intercambio de informaciones, de señales, ha llevado a una plétora insólita de estudios sobre comunicación, hasta el punto de que ahora se hable ya de la "ciencia de la comunicación". Sin

8. La mayor parte de esta exposición histórica la efectuó el autor de este trabajo en su "Introducción" al libro de H. Prakke y otros, *Comunicación social. Introducción a la publicística funcional* (Madrid: Akal 1977).

embargo, las bases de esta ciencia no están, aún, sólidamente establecidas. Comunicación significa aún cosas muy diversas. Mientras unos la entienden como sistema cerrado, otros la conciben como proceso dinámico. Hay quien la limita al hombre y quien la extiende al reino animal e incluso a la célula y la materia inanimada. Sus campos de aplicación son, por tanto, muy diversos, lo mismo que las teorías.[9]

De todos modos, sobre la base de los conocimientos existentes, puede decirse que la comunicación es una forma del flujo de información. Cuando se habla de sistemas de comunicación se hace referencia, al menos, a los componentes siguientes: 1) el comunicador (llamado también fuente de información) tiene una determinada intención comunicativa. 2) Para realizarla produce complejos de signos, organizados conforme a un código, que 3) materializa en señales que salvan la distancia espacio-temporal entre comunicador y receptor con ayuda de un soporte energético o material (medio). 4) El mensaje señalizado tiene que descifrarse (representación) para que 5) el receptor pueda interpretar la intención del comunicador.

Se han desarrollado numerosos sistemas de comunicación: comunicación genética, animal, intrapersonal, interpersonal, grupal, categorial, categorial de masas y de masas.

En cualquier caso, la profusión de estudios empíricos permite ya su clasificación y la elaboración de una teoría de la comunicación. En este sentido se trabaja actualmente en Alemania. Los esfuerzos del profesor M. Martín Serrano, de la Facultad de Ciencias de la Información, Universidad Complutense de Madrid, por desarrollar un modelo dialéctico de la comunicación parecen ser bastante prometedores.[10]

Si existe o no la ciencia de la comunicación es algo que sólo pueden demostrar los hechos. Toda ciencia se justifica por su aportación al acervo de conocimientos del hombre. Todas empezaron por la descripción de las cosas. La recopilación de datos y los estudios empíricos son imprescindibles para la praxis y para la investigación. Pero la ciencia en sentido estricto empieza, como dice Hagemann, allí donde el "¿por qué?" desplaza al "¿qué?", donde se investigan las causas de los hechos y de los detalles se obtienen nexos y relaciones.

9. Para un buen resumen de las teorías de la comunicación véase el libro de Miguel de Moragas Spa. *Teorías de la comunicación* (Barcelona: G. Gili, 1981).

10. Cfr. Especialmente sus trabajos, *La mediación social* (Madrid: Akal, 1976) y *Epistemología de la comunicación y análisis de la referencia* (Madrid: A. C. Editor, 1981 2.ª edición) redactado éste último junto con algunos de su colaboradores.

7. Propiedades de la información periodística

Concepto filosófico de propiedad

Las propiedades de una cosa son las cualidades y atributos objetivos que ayudan a clasificarla, determinarla, definirla y, al mismo tiempo, a ver su relación con otras cosas. Las propiedades se manifiestan en acción recíproca con las cosas y no tienen un carácter absoluto, sino que están en relación con otras cosas. Una cosa es por las demás, decía Hegel. Las propiedades que presenta una cosa determinada y la manera en que se manifiestan es algo que depende tanto de la constitución específica de la cosa misma como del tipo de acción recíproca que mantenga con otras cosas.

En filosofía se distingue entre propiedades esenciales o atributos y no esenciales o accidentes. Sin propiedades esenciales no puede existir el objeto. Diferenciar las propiedades tiene importancia para caracterizar el conocimiento de las cosas como determinada valoración de las mismas. La dificultad para diferenciar las propiedades esenciales de las no esenciales estriba en que unas y otras se descubren, en un principio, por medio de la comparación. La verdadera diferenciación se efectúa cuando lo esencial se manifiesta como lo universal.

Aquí, sin embargo, no se hace tal distinción, aunque no debe resultar difícil ver cuáles son, a juicio del autor, esenciales y cuales no lo son. Por otro lado, la mayor o menor importancia de una u otra propiedad viene determinada, además de por el propio objeto, en este caso la información periodística, por la perspectiva ideológica desde la que se analice y por el sistema social donde tenga lugar.

Por lo que respecta a la información periodística, he aquí las propiedades que, a juicio del autor, la distinguen y relacionan con otras clases de información.

Publicidad

Uno de los rasgos fundamentales de las informaciones periodísticas es precisamente su carácter público. La mayoría de las comunicaciones humanas son de índole privada, como el intercambio informativo entre dos personas, la conversación en un pequeño círculo cerrado o la redacción de un diario personal. Potencialmente públicos son en cambio, todos los acontecimientos de interés público. El límite entre la esfera privada y la pública es importante para el Estado (secreto de la correspondencia) y para el individuo (derecho a la intimidad y a la propia imagen). Pero también lo es para la información periodística, para el periodismo.

Publicidad significa apertura, acceso general, frente a la cerrazón de lo privado. El principio de la publicidad implica que la información periodística debe ser generalmente accesible. Según O. Groth, la publicidad de un periódico es «la accesibilidad para cada cual y, por tanto, el conocimiento general de todo lo que aparece en el periódico, de manera que, fundamentalmente, todo el mundo puede tomar nota de ello, nadie queda excluído de recibir el contenido».

Otro aspecto de la publicidad radica en la acción de dar a conocer, anunciar, publicar. La publicidad de la prensa diaria se refiere a la difusión intensiva y extensiva de sus ejemplares y a la consiguiente realización de la publicación de sus contenidos.

La posibilidad de publicar, de dar a la publicidad sus conocimientos por parte del informador y la posibilidad de acceso a esas informaciones por parte de los receptores-consumidores constituyen los cimientos de la publicidad de la información periodística. Fundamentalmente los contenidos de los medios masivos de información se dirigen al público en general, aunque por su lenguaje y contenido, por su configuración e intencionalidad ideológica apunten a un determinado sector del mismo. Pero lo decisivo es que, aunque dirigidas a ese sector, cada cual puede tomar nota de esas informaciones, siempre que lo desee, claro está.

La accesibilidad fundamental de una información a todo el mundo es lo que se denomina **publicidad categorial**, término acuñado por la filosofía política burguesa del siglo XIX. Esta concepción de la publicidad ha servido para establecer una tipología de los hechos de información de acuerdo con su ámbito de difusión: locales, regionales, nacionales, etc. Ahora bien, si se toma en cuenta la dimensión social de la información, cabe distinguir entre **publicidad real**, esto es, la suma de quienes en un momento determinado reciben una información dada, y **publicidad potencial**, es decir, el ámbito de posibles receptores que puede cubrir una información. Igualmente conviene diferenciar entre accesibilidad material o física y accesibilidad psíquica o intelectual a la información.

En suma, la publicidad de la información periodística consiste en trasmitir al público conocimientos accesibles, es decir, comprensibles y asequibles. La publicidad de la información periodística implica la diferenciación condicionada por las estructuras sociales, es decir, que no se puede escribir, radiar ni televisar en todo momento todo para todos. Por lo que la diferenciación y especialización resultan necesarias.[1]

Actualidad

Si la publicidad hace referencia a la difusión, a la dimensión espacial de la información periodística, la actualidad constituye su dimensión temporal y psíquica. Tradicionalmente, el concepto de actualidad se ha relacionado, por un lado, con la rapidez en la transmisión de información periodística y, por otro, con el grado de interés de los receptores por los fenómenos del presente. Los fundadores alemanes de la ciencia del periodismo destacaron ya determinados rasgos de la actualidad, principalmente desde una perspectiva fenomenológica. E. Dovifat, por ejemplo, equiparaba actualidad a «último acontecer del presente».[2] Pero han sido sobre todo Walter Hagemann y sus colaboradores y seguidores, algunos bastante críticos, de la denominada "escuela de Münster" los que más han contribuído a precisar esta propiedad esencial de la información periodística.[3]

Para Hagemann sólo entrarían en el campo de la información periodística los mensajes públicos que de alguna manera son actuales, es decir, están *in actu*. Actual es lo insólito, lo que se sale de la norma, de la rutina cotidiana: la novedad. El criterio más seguro para determinar la actualidad es, para este investigador y teórico de la publicística, la simultaneidad o casi simultaneidad de la vivencia del acontecimiento. Pero también el pasado y el futuro pueden ser actualidad en sentido figurado. Para Hagemann existen los siguientes tipos de actualidad:

a) Actualidad primaria: lo presente, directamente perceptible o que acaba de pasar, lo incompleto, inacabado, lo que ocurre de sorpresa, en suma, el "acontecimiento primario".

1. Cfr. W. Hagemann, *Grundzüge der Publizistik* (Münster: Verlag Regensberg, 1947) 2.ª edición enriquecida con comentarios críticos por H. Prakke y W.B. Lerg, Münster 1967; idem. "Begriffe und Methoden publizistischen Forschung", en *Publizistik*, H. Prakke y otros, *Comunicación social*, prólogo y traducción de V. Romano (Madrid 1976); O. Groth, "Publizistik", en *Die unerkannte Kulturmacht. Grundlegung der Zeitungswissenschaft (Periodik)*, vol. I, capit. IV (Berlín 1960); J. Habermas, *Historia y crítica de la opinión pública. La transformación estructural de la vida pública* (Barcelona: Gustavo Gili, 1981).

2. Cfr. Emil Dovifat, *Zeitungslehre*, vol. I (Berlín 1962) p. S. traducción española, *Periodismo*, 2 vols. (México: Uteha 1964).

3. Cfr. Walter Hagemann, los dos trabajos mencionados en la nota 1, Wilmon Haacke, "Vom Wesen der Aktualität", en *Publizistik*, 4 Jahrgang, Heft 1, enero-febrero 1959, págs. 3-19; Michael Schmolke, "Thesen zum Aktualitätsbegriff", en *Publizistik im Dialog. Festgabe für Henk Prakke*, editado por W.B. Lerg, M. Schmolke, G. B. Stoll, Assen, 1965, págs, 119-124; Henk H. Prakke et alt; *op. cit.* págs. 113-119. Cfr. así mismo Heinz Barnerlein "Der Bedeutungswandel von 'aktuell', en *Publizistik*, Heft, 3 Jahrhang, septiembre-octubre 1958, págs. 297-301; Klaus Merten, "Aktualität und Publizität. Zur Kritik der Publizitikwissenschaft", en *Publizistik*, Heft 3, 1973, págs. 216 y ss. Para el concepto de actualidad en radio y televisión véase dic. Koszyk. Por otro lado, Hagemann fue durante varios años maestro del autor de este trabajo.

b) Actualidad secundaria: los contenidos de conciencia que perduran en el tiempo o el futuro que se manifiesta en la esperanza o el temor.

c) Actualidad ideal: la aportación subjetiva del individuo, gracias al cual un pensamiento, una consigna, etc., se convierte en acontecimiento público.

d) Actualidad artificial: la conseguida por el énfasis, la deformación, el sensacionalismo.

En consecuencia, Hagemann entiende el periodismo como investigación y teoría de la **enunciación pública de contenidos actuales de conciencia**.

Aún teniendo en cuenta que los dos últimos tipos de actualidad mencionados por Hagemann son, más bien, actualizaciones, los discípulos y sucesores de éste en la dirección del Instituto de Publicística de la Universidad de Münster desarrollaron y perfeccionaron las aportaciones de su maestro y antecesor. Para ellos, la actualidad queda dividida en **primaria** (el presente), **secundaria** (el imperfecto) y **terciaria** (el perfecto). La actualidad aumenta a medida que se reduce la distancia temporal, psíquica y espacial, y se define entonces como «la acogida nueva o readmisión de experiencias, pensamientos y sentimientos en la conciencia del público». La representación gráfica de este concepto de la actualidad es la siguiente:

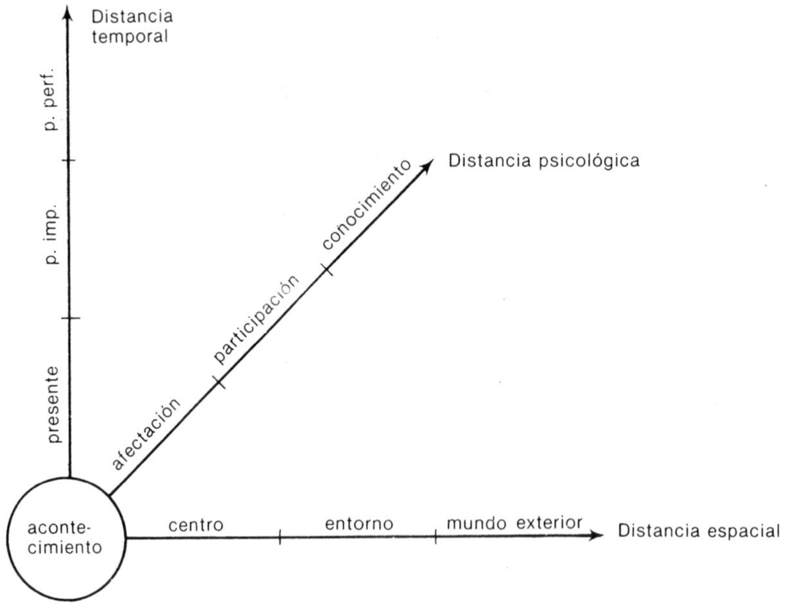

En resumidas cuentas, lo que distingue la actualidad es el **interés** subjetivo por una información determinada y su **desconocimiento**. En sentido estricto, la verdadera información, la innovación, sólo puede darse sobre acontecimientos desconocidos. La ausencia de todo acontecer sería la redundancia absoluta, la repetición constante de lo mismo.[4] Nada cambia y, por tanto, nada progresa.

El afán de actualidad, manifiesto en los medios masivos de información periodística puede crear peligros y daños a la propia información. Cuando en periodismo se habla de actualidad se suele entender por tal algo emocionante, estimulante, sensacional. Habría que andarse, pues, con cuidado en el empleo de este término, como recomienda Hans Wenke.[5] Ese afán incide directamente en el estilo, la presentación y la calidad de información de los distintos medios. El estilo sensacionalista y emotivo es mucho más fácil que el ponderado y racional.

El sensacionalismo de la prensa y de la radio es bien conocido. Pero también la televisión vive sometida a la ley de la actualidad, en el sentido de lo que está *in actu*, es decir, inconcluso. Como dice H. Pross,[6] la cámara de televisión reproduce también la subjetividad de los productores y su entrenamiento profesional. De lo que se trata es de retener lo extraordinario, no lo ordinario, la guerra y la violencia, no la paz y la convivencia. A juzgar por la información periodística ofrecida por la pequeña pantalla, parece como si el mundo consistiera únicamente en actos violentos, de mero accionismo. La información transmite la vigencia universal de la violencia. Este aspecto se ve acentuado por los productos de la industria del entretenimiento, o por la "industria de la tensión", como también se ha denominado al mercado americano de los medios masivos.

Ahora bien, la actualidad no puede reducirse solamente a lo extraordinario, sensacional, excitante, a la rapidez de la transmisión ni a la simultaneidad. Esto es más bien una actualización, una actualidad aparente, hasta cierto punto ficticia. Cierto que, la actualidad tiene que ver con la proximidad en el tiempo, con la significación e importancia de la información para el presente. Pero la actualidad de la información periodística también es y significa algo más.

En primer lugar, la actualidad es una relación objetiva de los hechos, acontecimientos y procesos con la acción social de los consumidores de esa información. Los hechos, acontecimientos y procesos son actuales en la medida en que, en un momento determinado y en una situación dada crean y refuerzan la conciencia de los consumidores de información y los inducen a la acción social. En este sentido, la actualidad es un criterio para la selección de los contenidos de la información periodística.

En segundo lugar, la actualidad es también una propiedad de los productos periodísticos, desde la colaboración individual en el periódico, hasta la serie televisiva o el programa de radio. Estos productos son actuales en la medida en que contribuyen objetivamente el desarrollo de la conciencia y a la preparación de la acción social consciente para un mayor dominio del medio

4. Cfr. H. Prakke et alt. Ibid.

5. Hans Wenke, "Praktische Erfahrungen mit Informationen", en P. Hübner (ed.) *Information oder herrschen die Souffleurs? op. cit.*

6. Cfr. H. Pross, *La violencia de los símbolos sociales*, introducción y traducción de V. Romano (Barcelona, 1982).

ambiente y, por tanto, para la ampliación del ámbito de la libertad del hombre. La actualidad de los productos periodísticos requiere que los hechos, acontecimientos y procesos se presenten en su relación con las tareas sociales del momento histórico y con los receptores.

Continuidad

Como propiedad de la información periodística, la continuidad es la expresión del deseo del productor de información por mantener un contacto reiterado con los consumidores, con su público. Según Hagemann,[7] la emisión repetida de información periodística al público se debe a que:

a) la técnica periodística moderna utiliza la máquina y produce mercancía estandarizada para muchos consumidores, aspirando a unas ventas elevadas (tirada, audiencia) conforme a los principios de la rentabilidad y tendiendo a crear grandes instituciones periodístico-comerciales;

b) la corriente incesante de novedades y los portadores de los intereses públicos necesitan un portavoz constante;

c) la demanda de informaciones actuales es incesante y crea hábito continuados en los receptores.

Entre los elementos continuados se cuentan título, formato, confección, división en secciones, estilo, ideología, etc., en el periódico; longitud de onda, sintonía, horas de programas, etc., en la radio; y así sucesivamente en los demás medios.

La difusión continuada de la información periodística, resultante de su carácter procesual, responde al proceso continuado del desarrollo social. La continuidad está condicionada por la complejidad y el dinamismo del desarrollo social y de las consiguientes necesidades de información, por el grado de generalización del tratamiento periodístico de los problemas (por ejemplo, distinto en el periódico y la revista) y por las posibilidades técnicas de los medios de información periodística.

La continuidad se concreta en la periodicidad.

Periodicidad

La periodicidad es la transmisión continuada de información periodística en intervalos regulares de tiempo. Período, originariamente un concepto espacial que significaba el recorrido que se hacía en un tiempo determinado, se ha convertido en un concepto temporal puro. El ritmo de aparición de los productos periodísticos especialmente de la prensa, ha prestado su nombre a la mayoría de ellos: diario, semanario, etc. En opinión de O. Groth, todo periódico o revista debe tener la propiedad de aparecer periódicamente, es decir, en interva-

7. Cfr. W. Hagemann, "Begriffe und Methoden publizistischer Forschung", *op. cit.*

los regulares de tiempo. Schopenhauer calificaba el periódico de "segundero de la historia".

El ritmo de la información periodística se desprende, según Hagemann, de:

a) el flujo constante de informaciones actuales;

b) el ritmo de trabajo de las máquinas y su distribución;

c) el ritmo de trabajo y descanso de los receptores, para quienes el consumo de informaciones supone una ocupación más.

Hoy día la información periodística adapta su ritmo al ritmo vital de los receptores, que suelen vivir según el programa de televisión o de radio y reservan espacios determinados de tiempo para la lectura del periódico o la asistencia al cine.

El ritmo temporal de la periodicidad es tan rápido o corto como el nivel de las técnicas de impresión y reproducción. El ritmo regular de la información periodística sólo se interrumpe cuando ocurre algún acontecimiento extraordinario.[8]

Tecnicidad

La producción de información periodística requiere complicadas y costosas instalaciones para la rápida reproducción de sus productos, así como para su distribución. La tecnicidad del periodismo moderno se deriva precisamente de ese conjunto técnico-industrial. La configuración de la información debe adaptarse a las peculiaridades técnicas de cada medio. Papel de imprenta, cintas y discos magnéticos, depósitos electrónicos, etc., permiten que la información se convierta en documentación, es decir, se independice del tiempo y del lugar, que se conserve y se repita posteriormente. Como la reproducción no se hace ya a mano, como ocurría con los manuscritos medievales, sino a máquina, la copia tiene mayor valor testimonial, casi idéntico al original.

Pero la tecnicidad presenta también sus inconvenientes. Al interponerse un medio técnico aumenta la distancia entre informador e informado, así como la del informador con respecto a su propio mensaje. Se pierde así la posibilidad del intercambio directo entre emisor y receptor, por lo que la información periodística moderna adquiere así un carácter unidireccional, convirtiéndose en monólogo. La producción técnico-industrial de la información periodística, efectuada bajo las normas de la división del trabajo, difumina y borra incluso la personalidad periodística. El receptor desconoce así al emisor, que de personal e individual pasa a ser impersonal y colectivo.

8. Cfr. O. Groth, "Periodizität", en *Die unerkannte Kulturmecht. Grundlegung der Zeitungswissenschaft (Periodik)*, vol. I, cap. I (Berlin, 1960); W. Hagemann, "Begriffe und Methoden publizistischer Forschung", *op. cit.*; idem, "Gibt es noch eine Tagespresse"? Erscheimungs-weise und Erscheinungshäufigkeit der heutigen deutschen Zeitungen, *Publizistik*, 2. Jahrgang, Heft, 1957, págs. 195; Walter Hagemann, "Der Wochenrhytmus der westdeutschen Tagespresse", *Publizistik*, 3. Jahrgang Helf, 1958, pág. 259 y ss.

Colectividad

La división del trabajo existente en las complejas organizaciones dedicadas a la información periodística tiene por consecuencia el carácter colectivo de su producción. La colectividad distancia al informador respecto del producto final y de sus receptores, como se ha indicado más arriba. Para satisfacer las múltiples demandas de la máquina periodística se requiere el trabajo colectivo de muchos especialistas. Los diferentes trabajos parciales se ven coordinados por la coacción técnica y periódica del medio común. De este modo el moderno medio masivo de información periodística pretende abarcar todas las posibilidades, desde la noticia y el reportaje hasta la colaboración literaria o la reseña de una corrida de toros. En el desempeño de estas tareas se ocupan personas con formación, conocimientos, habilidades y temperamentos muy diferentes. El receptor se ve así obligado a seleccionar entre el cúmulo de informaciones, perdiendo por completo la visión de conjunto de quienes le informan. El anonimato resulta así recíproco.

Comercialidad

El complejo aparato técnico-industrial que constituye hoy día cualquier medio de información periodística exige el empleo de numerosas fuerzas de trabajo y de grandes inversiones financieras. Son empresas comerciales dedicadas a la producción de una mercancía específica, la información, que se coloca en el mercado y se vende por su valor de cambio. El aspecto comercial determina en forma decisiva la producción de información periodística en la sociedad de libre mercado. Se produce lo que es rentable, y los órganos que no dejan beneficios desaparecen de la escena periodística.

La industria periodística forma parte, con sus peculiaridades, de la economía nacional o multinacional. Los empresarios periodísticos se rigen por la ley del beneficio. De ahí que los anuncios publicitarios ocupen un espacio considerable en todos los medios de información, con las consabidas consecuencias para los propios medios y para los receptores: dependencia respecto de la publicidad, menor nivel informativo, confusión y manipulación de los receptores.

La dependencia de los medios masivos de información periodística es multiforme: anuncios, créditos, vinculación al capital bancario, a los monopolios informativos, a los monopolios productores del papel prensa, de equipos tipográficos y poligráficos, así como a las cadenas de radio y televisión, y, últimamente, a los productores de instrumentos electrónicos. Dentro de este orden de cosas, la industria de la información periodística presenta las mismas tendencias a la concentración que las demás industrias, superándolas incluso en algunos aspectos.[9] Esta situación condiciona la libertad de información.

9. Cfr. por ejemplo, J.N. Sassurski y otros, *Der journalismus in der bürgerlichen Gesellschaft* (Leipzig 1977). Aunque los toques de atención a este respecto y las críticas a esta situación son cada vez más frecuentes también en Occidente.

Operatividad

La operatividad es la propiedad que tiene la información periodística de dirigir, potencialmente, la disposición de los receptores a colaborar en la solución de las tareas sociales pendientes. Esta operatividad se manifiesta en formas muy diversas: como orientación de los receptores hacia las tareas fundamentales que afectan a toda la sociedad, o también como la movilización de un grupo determinado de personas para la solución de una tarea concreta.[10]

Universalidad

Los puntos de vista técnico-comerciales han inducido al aprovechamiento máximo de los medios técnicos existentes y a la pretensión de abarcar el mayor número posible de receptores. La universalidad de la información periodística se refiere, en primer lugar, a la diversidad del contenido de los medios, gracias a la cual se pretende alcanzar ese gran número de lectores, oyentes o telespectadores, igualmente diversos. La universalidad del contenido es un componente necesario del carácter específico de la información periodística. Dovifat la interpreta como «adaptación a la diversidad de intereses», relacionando así el concepto con el contenido material del periódico. Groth, en cambio, la ve como un principio ideal que no puede concretarse en el contenido del periódico. Por lo que, para éste, la revista también es universal.

En otro orden de cosas, la universalidad puede entenderse como la propiedad que tiene la información periodística para transmitir conocimientos sobre la conexión universal de todos los aspectos de la actividad humana, contribuyendo así al desarrollo multilateral de la personalidad. Entendida así, la universalidad expresa la apropiación intelectual de los complejos procesos y relaciones sociales. La universalidad de la información periodística en su conjunto implica la especialización de las distintas partes del sistema periodístico y de la información transmitida por ellas.

Especialidad

La especialidad es la otra cara de la universalidad en la información periodística. Consiste en la limitación a un campo o aspecto especial de la información. Se da cuando ésta se dirige a un público claramente delimitado y con unos intereses informativos muy concretos. Estos intereses especiales se ven satisfechos por instituciones, productos y secciones informativas creados específicamente para cubrir esas necesidades.

La especialidad ha existido prácticamente desde la aparición de la información periodística. A medida que se ha ido complejizando la producción y la

10. Cfr. *Würterbuch der socialistichen journalistik* (Leipzig, 1973).

vida social, se ha ido diversificando y especializando cada vez más la información. Como se ha apuntado en las páginas precedentes, el nivel de desarrollo tecnológico alcanzado actualmente por la industria de la información permite establecer medios y formas diferenciadas que satisfagan las necesidades especiales de los consumidores. En esta dirección parece encaminarse la evolución de la información periodística. Pero la cuestión de la especialización constituye el tema principal de este trabajo y, por consiguiente, se desarrolla más adelante.

8. El proceso de información periodística

Concepto

El proceso de información periodística es el camino que recorre el mensaje desde el acontecimiento hasta el último receptor.[1] Este camino puede ser corto y directo o atravesar numerosas etapas y dar varios rodeos hasta llegar a su meta final.

El proceso periodístico se inicia cuando se percibe el acontecimiento. En este sentido, los sucesos del acontecer constituyen los orígenes del mensaje, sus presupuestos. Pero hasta que no aparece un transmisor-mediador no adquiere relevancia periodística el mensaje: el proceso de información se inicia con la transmisión-mediación de contenidos de conciencia como expresión de la actuación periodística.

El acontecimiento

La conciencia humana vive el medio ambiente que la rodea como una alternancia de quietud y movimiento, de rutina y anormalidad. El cambio se realiza en una serie de pequeños y grandes acontecimientos, relacionados entre sí. El acontecimiento llama la atención, suscita la reacción consciente o inconsciente. El testigo directo comunica a otros lo que ha penetrado en su conciencia y retenido en su memoria. El acontecimiento adquiere así publicidad.

Entre el acontecimiento y el receptor no se interponen solamente los procesos de percepción y transmisión, sino también los de recolección, elaboración, selección y presentación. El testigo directo, al que también se denomina

1. Cfr. W. Hagemann, *Grundzüge der Publizistik*, 2ª edición crítica a cargo de H. Prakke, W. B. Lerg y M. Schmolke (Münster, 1966), pág. 41.

fuente de información, no es ningún intelecto abstracto, sino una personalidad concreta con su propio acervo de experiencias, sensaciones y aspiraciones. Por consiguiente, la reproducción del acontecimiento lleva el sello de su juicio subjetivo.

Los acontecimientos pueden ser primarios, externos, sensorialmente perceptibles, y secundarios, internos, generados en la conciencia del informador. A esta segunda clase pertenecen los acontecimientos abstractos que están cerrados a los sentidos externos y cuya realidad subyace en el pensamiento, los sentimientos y la voluntad del hombre. Entre la enorme cantidad de tales acontecimientos, tan sólo una fracción minúscula de ellos se publican y forman parte de los contenidos de la información periodística.

Los problemas que plantea la percepción, la aprehensión intelectual, la comprensión de un acontecimiento, son bien conocidos. Se sabe que cuanto mayores sean las pretensiones de precisión, concreción y objetividad, tanto más esfuerzo y preparación deberá aportar el observador. Se comprende, por tanto, que el publicista profesional haya desplazado cada vez más al aficionado. La aprehensión intelectual de un acontecimiento y su interpretación exige el conocimiento de sus circunstancias condicionantes, un juicio crítico y la capacidad de diferenciación. Pero, además, también se requiere una preparación especial y un aprendizaje para informar. El proceso periodístico se inicia, pues, con la aprehensión del acontecimiento.

La elaboración

El paso siguiente es la ordenación y formulación de ese contenido de conciencia en forma de noticia, informe, etc. De esta parte del proceso de información periodística, de la elaboración del mensaje, se ocupa otra disciplina, la redacción periodística. Los manuales de estilo utilizados por y para el personal de ciertos medios (agencia EFE, *El País*) pretenden subsanar algunas de las dificultades que se plantean. A diferencia de Alemania, donde los manuales de redacción son prácticamente inexistentes, en los Estados Unidos se han desarrollado normas prácticas para los redactores y reglas profesionales tan precisas que los productos informativos parecen unidades estandarizadas, sacadas de la misma fábrica.[2] En cualquier caso, de la información periodística se requiere que sea veraz, comprensible y exhaustiva dentro de lo posible. Y aquí es donde empiezan las dificultades. La verdad no es absoluta, sino concreta. En el caso de la información periodística, la exposición debe constreñirse al medio y al espacio disponible, lo que significa que no se puede decir todo, que el acontecimiento

2. Entre los manuales americanos cabe destacar Carl N. Warren, *Modern news reporting* (New York, 1951); Warren C. Price, *The literature of journalism* (Minneapolis, 1959); Stanley E. Kaish y Clifton C. Edon, *Picture editing* (New York-Toronto, 1951); Wilson Hicks, *Words and Pictures* (New York, 1952); Forsyth Hardy (ed.), *Gierson on documentary film* (Londres, 1946); P. Rotha, *Rotha on the film* (Londres, 1958); P. Rotha, B. Road, R. Griffith, *Documentary film* (Londres, 1964); G. Chester y G. R. Garrison, *Radio and television* (New York, 1956).

tal vez no sea comprensible sin suficiente aclaración, que la reproducción se limita casi siempre a lo importante. ¿Importante para quién? Es sabido que dos informes sobre un mismo acontecimiento nunca son iguales. Por regla general, el hombre ve las cosas como ha aprendido a verlas y, aún más, a valorarlas.

Tras el estilo está la personalidad de cada informador, sus creencias, dudas, valores. Cuando el informe se petrifica en acta sumarial de los hechos, como ocurre con los esquemas practicados en los EE.UU., la individualidad desaparece por completo tras el acontecimiento, que debe hablar por sí solo, de manera impersonal. Pero el primer informe raras veces es el mensaje final. A lo largo del proceso de elaboración, suele pasar por varias manos que lo corrigen, cortan, titulan de nuevo, etc., hasta el punto de modificar por completo su forma originaria. Lo que en los países anglosajones, especialmente EE.UU., se denomina objetivación de la información es la descomposición del proceso de elaboración en distintas fases, de manera que la producción de noticias se asemeja mucho a la producción industrial en serie, donde cada trabajador sólo ejecuta una sola operación casi mecánica.

La transmisión

Todos los acontecimientos tienen lugar en el espacio y en el tiempo. De ahí que, de no ser testigo ocular de ellos, la transmisión de los contenidos adquiridos se mueva en estas dos dimensiones y tenga que superarlas. Los contenidos de la información periodística sufren, con ello, una limitación, pues no están destinados a perdurar mucho tiempo, sino a ser transmitidos a los contemporáneos. En muchos casos, la transmisión coincide con el acontecimiento mismo, como en el discurso directo, la retransmisión simultánea por radio y televisión, etc. Por regla general, sin embargo, la transmisión recorre varios estadios hasta llegar a los destinatarios finales. Este tiempo representa una zona muerta en el incesante proceso periodístico. La información se refiere, pues, a acontecimientos que ya no están *in actu*. Esta circunstancia condiciona la propia elaboración. Se tenderá a retener y transmitir aquellos aspectos de la información que prometen mayor duración. El redactor, el reportero gráfico, el corresponsal de radio o televisión evitará también la transmisión de contenidos que estén ya superados o carezcan de importancia para el momento de su recepción.

En otro orden de cosas, la transmisión medial y las condiciones del trabajo de elaboración colectivo, hacen que el informador desconozca hasta qué punto y en qué forma su mensaje llega al público. No conoce ni ve a ninguno de sus receptores, se siente como un eslabón en la cadena de información periodística.

El desarrollo teconológico actual ha reducido de tal manera la transmisión de la información audiovisual que, prácticamente, permite su simultaneidad con los acontecimientos. Las nuevas técnicas de composición e impresión hacen que el tiempo que se tarda en producir un periódico equivalga al empleado en abastecer de papel a las máquinas.

Ahora bien, la superación de la distancia espacio-temporal plantea nuevas cuestiones de organización, aprovechamiento técnico y capacidad intelectual de asimilación. En teoría, cualquier receptor puede conectarse hoy, en cualquier parte del mundo, con un mismo programa informativo de radio o de televisión, con un mismo banco de datos y, en un futuro previsible, incluso con un periódico o teletexto. A pesar de todos estos avances no es posible mantener un corresponsal en todas partes, ni siquiera en cada sitio importante. De ahí que los diferentes órganos de información periodística necesiten abastecerse de los servicios informativos de un número muy reducido de grandes agencias y distribuidoras que suministran su material al mundo entero.[3] Se interpone aquí un nuevo eslabón en el proceso de información periodística. El periodista que trabaja en un diario, una emisora de radio o un estudio de televisión conoce hasta cierto punto el gusto, el carácter y las necesidades de sus lectores, radioyentes o telespectadores. Pero el trabajador de esos grandes monopolios de la información debe contar en principio con receptores de todos los países, lenguas y culturas. Por lo tanto, debe redactar sus crónicas de un modo más general y sencillo aún. De ahí que este profesional se convierta cada vez más en un técnico despersonalizado de la transmisión. La diversidad con pretensiones de universalidad supone una pérdida de persuasividad, de intensidad. El estilo telegráfico del proceso técnico de transmisión se transfiere al producto periodístico acabado.

La otra consecuencia de esta enorme concentración de la producción informativa es la serialización y uniformidad del mensaje periodístico.

El instrumento clásico de la transmisión de información periodística ha sido el periódico. Ciertamente éste no puede competir en rapidez ni audiencia con la radio o la televisión. La información periodística tiene que pasar por la composición, confección e imprenta antes de que llegue a las manos de los receptores. Hay que poner en marcha un complejo aparato técnico y organizativo de distribución para que el producto llegue a su destinatario final. Su actualidad es inferior comparada con la transmisión simultánea de la radio o la televisión. Pero el periódico también tiene sus ventajas.

En primer lugar, los contenidos aparecen yuxtapuestos unos al lado de otros. El lector encuentra sin pérdida de tiempo la noticia o sección que más le interesa.

En segundo lugar, la información se le ofrece documentalmente, y el lector puede recurrir a ella repetidas veces, en comparación con la palabra fugaz de la radiodifusión y sin necesidad de recurrir a la adquisición de otros aparatos para retener la palabra o la imagen.

En tercer lugar, más que el radioyente o el telespectador, que suele depender técnicamente de una emisora o cadena, puede seleccionar la fuente de información que mejor responda a sus gustos y a sus ideas. Tiene una mayor oferta informativa para satisfacer sus demandas.

3. Cfr. A. Matterlart, *Multinacionales y sistemas de comunicacion* (México: Siglo XXI, 1977).

La historia de los medios de transmisión enseña que la aparición de un medio nuevo no ha desplazado a los más antiguos, sino que, por el contrario, éstos se adaptan pronto a la nueva situación y terminan por complementarse unos con otros. Puede decirse que la historia de la transmisión suele correr parelela con la de la publicación.

El último desarrollo técnico, el de los satélites de transmisión de información, ha reforzado en proporciones inimaginables la ya tupida red de canales periodísticos.

La recepción

Todo mensaje periodístico busca al receptor. Ahora bien, éste no puede ser una persona determinada, pues, en tal caso, el mensaje sería privado, sino un número indeterminado de personas. El círculo de receptores de la información periodística comprende, en teoría, a todas las personas y grupos de personas espacial, técnica y lingüísticamente asequibles. Se trata, pues, de personas muy diversas por su edad, sexo, formación, carácter, ideología, etc. No toda información puede ni quiere llegar a todos. Se dirige más bien a quienes se supone especialmente interesados por la información correspondiente.

La experiencia demuestra que la mayoría de las personas llegan por vía indirecta a la información periodística. Buscan música en la radio y encuentran cinco minutos de noticias. Quieren ver la película de la televisión y de paso el telediario, que, por lo demás, perciben también como entretenimiento. Compran el periódico para mirar la cartelera, buscar un piso de alquiler, un puesto de trabajo, etc., y, de paso, echan un vistazo a las últimas novedades sobre la situación en Oriente Próximo. Si se hace abstracción de las épocas excepcionales, un intento de golpe de Estado, los resultados de unas elecciones, etc., lo cierto es que la información periodística sólo llega directamente a una minoría relativa de la población. El hombre medio es más privado que público. Su casa y su trabajo ocupan la mayor parte de su jornada y de sus pensamientos, quedándole algo de tiempo para la distracción, el ocio o el juego.[4] Tan sólo los grandes acontecimientos o aquellos que le afecten muy directamente penetran en ese círculo de lo privado. El hombre medio busca en primer lugar entretenimiento y distensión, distracción de su angustia cotidiana, cuando oye y lee las últimas noticias del mundo. No tiene una conciencia clara de hasta qué punto esas informaciones pueden afectar a su propia vida. El terremoto en un país lejano, la muerte de un guerrillero en la selva boliviana, el asalto espectacular a un banco de Los Angeles por un grupo de anarquistas que se denomina "ejército simbiótico", etc., lo raro y extraordinario, estimula la curiosidad y la fantasía. Lo prosaico y sereno, pero importante, exige reflexión y comparación pa-

4. Cfr. V. Romano, "Ocio y comunicación de masas", en *Documentación social.* 2.º trimestre 1980; "Tiempo de trabajo, tiempo libre y necesidades radicales", en *Nuestra Bandera* n.º 114, septiembre 1982.

ra ser comprendido. Los conocimientos del hombre medio sobre las cosas del mundo que yacen fuera de su esfera privada son exiguos, así como su disposición a pensar. Su trabajo y sus preocupaciones cotidianas lo absorben de tal manera que durante su escaso tiempo libre necesita descanso y distracción. «Que cada cual se las arregle con sus problemas», «la política para los políticos», etc., son expresiones que reflejan bastante bien esta actitud.

El conocimiento de esta premisa es importante, fundamental, para toda información periodística. Cuando la información toca alguno de estos aspectos de los intereses privados halla el camino fácil hacia la conciencia de los receptores. Una de las reglas fundamentales del periodismo anglosajón estriba precisamente en destacar el *human side of life*, el darle a las informaciones ese *human touch* característico de sus productos informativos. La misma función desempeña el estilo desenfadado del periodismo de los países latinos.[5] El lector medio de la prensa goza de su lectura en sentido inverso a su importancia objetiva: entretenimiento, sucesos locales, anuncios, sección económica, laboral, noticias mixtas, política y, por último editoriales y comentarios.[6] Lo mismo vale decir de los demás medios periodísticos. Así, pues, el receptor debe entrar paulatinamente en la información periodística ampliadora de su conciencia. Esto es tanto más fácil cuanto más altos sean los ideales del periodista. Éste quiere difundir saberes, ampliar el nivel de conocimientos, elevar el nivel de conciencia, si es que el gran gesto técnico y el periodismo no deben ser mero negocio mercantil.

El conocimiento de hechos importantes también es necesario para el hombre de la calle. El ama de casa debe conocer los precios, la oferta de mercancías, las tendencias del mercado y de la economía; el trabajador necesita instrucción acerca de los progresos sociales. La información rápida sobre las últimas novedades tiene para ellos una gran significación práctica. Tal vez sea esto lo único que saquen conscientemente del periódico o de la radiodifusión. Pero vale la pena para ellos hacer el esfuerzo adicional de indagar las razones, de buscar más información. El tan vapuleado hombre de la calle no sólo necesita conocimientos, sino también comentarios, interpretación y orientación de los hechos que pasan y son importantes para él. La mayoría de la población tiene una opinión fugaz, infundada, de las cuestiones públicas. El ignorante lo es, no por deseo ni culpa propios, sino porque no le han enseñado. El hombre de la calle no sólo busca la noticia, sino también el comentario y la opinión, y espera que el periodista tenga la suya y la fundamente. De este modo es como el ciudadano medio llega a leer un artículo de fondo, a escuchar un discurso político, a interesarse por cuestiones de política económica, cultural o científica, que, de otro modo, considera una pérdida de tiempo.

Los estudios sobre públicos y audiencias desarrollados en EE.UU. y adop-

5. El autor de estas líneas le preguntó en una ocasión al corresponsal de la ADN, la agencia de noticias de la RDA, en Madrid, si el *Neues Deutschland*, órgano oficial del PSUA, publicaría caricaturas de Honnecker. En su respuesta manifestó que eso era imposible y que se consideraría como algo blasfemo.

6. Cfr. W. Hagemann, *Grundzüge*... 2.ª edición 1966, pág. 123.

tados después en Europa, constituyen uno de los aspectos más investigados del proceso de información periodística. Sin embargo, entre la inmensa proliferación de análisis efectuados, a duras penas se encontrará una investigación que se plantee la hipótesis de trabajo de averiguar el nivel de conciencia de los receptores, los límites de la conciencia posible y cómo ampliarlos.

Modalidades de la recepción

Los nuevos contenidos de conciencia desplazan a los viejos, pero no todo individuo está dispuesto a someterse a un cambio constante de conocimientos. Lo viejo y tradicional se resiste a desaparecer. Además, todo ser humano no es sólo receptor, sino también emisor.

Las condiciones concretas de vida y trabajo, los intereses y necesidades peculiares de cada receptor permiten distinguir distintas modalidades de receptor-consumidor de información periodística. Por su frecuencia, la recepción periodística puede clasificarse en recepción ocasional, habitual y profesional. La **recepción ocasional** se da cuando el consumidor de información periodística no está movilizado por el afán de saber, sino por el deseo de distracción, la curiosidad, el aburrimiento o el sensacionalismo. Este tipo de conciudadano, el más numeroso, existe en todas las esferas de la vida y en todos los grupos sociales.

El número de **receptores habituales** también es grande. Están suscritos o compran diariamente un determinado periódico, que leen a una hora habitual, desde el principio al fin, por regla general en sentido inverso. Este receptor habitual suele llevar una vida ordenada y abunda especialmente en los círculos pequeños burgueses y rurales acomodados.

El tipo más exigente es el **receptor profesional**. Este necesita la información periodística para su actividad cotidiana, para orientar sus intereses políticos o económicos, para retransmitir las informaciones a otros. Dedica una parte considerable de su tiempo y energías a la lectura de varios periódicos, al seguimiento de la información radiada, al estudio de la bibliografía periodística de última hora, a asistir a los actos y manifestaciones públicas importantes.

La intensidad de la recepción no es, por otro lado, una cuestión de cantidad. Mucho más importante es el efecto de la información, pues es en la conciencia donde las impresiones se transforman en conceptos, en conocimientos y en nuevas aspiraciones. Este efecto cualitativo es el resultado de numerosos factores: la significación del acontecimiento, la forma de su presentación, la credibilidad del emisor, la disposición del receptor, etc.

La recepción tiene, naturalmente, sus límites físicos y psíquicos. Las posibilidades de la información periodística son ilimitadas en el espacio y por el contenido. Cada contenido concreto de conciencia puede enviarse y recibirse en cualquier momento y en cualquier lugar de la tierra. Su difusión real, empero, es limitada. Los intereses del individuo no suelen ir más allá de su comunidad, provincia, Estado, o, como se dice en sociología, del grupo social al que pertenece. Lo que rebasa este marco sólo tiene un interés secundario para él.

La comprensión lingüística establece unas barreras todavía más claras. La imagen es internacional y la palabra es traducible. Pero los órganos periodísticos más importantes pertenecen a campos lingüísticos claramente definidos.

Pero las barreras realmente infranqueables son las de la comunicación intelectual. A esta incomprensión contribuye también el espíritu de la época. El periodista es producto de su tiempo, de sus ideas y prejuicios y no puede saltarse las limitaciones intelectuales de su época cultural, ni los límites de la conciencia posible de sus receptores.

Finalmente, tan sólo una fracción del acontecer mundial entra en la información periodística. Una parte aún menor se elabora y envía a los grandes centros, a las cuatro o cinco agencias internacionales. A la agencia Reuter, por ejemplo, afluyen diariamente un promedio de un millón y medio de palabras, pero sólo reenvía unas 100 000. Algo parecido ocurre con las demás agencias. Los principales periódicos imprimen solamente entre el 5 y el 10% del material recibido. El lector medio, a su vez, acoge una fracción del contenido impreso del periódico, a menudo tan sólo los titulares y entradillas. Todavía mayor es la diferencia entre oferta de informaciones y consumo en la radiodifusión. El despilfarro de las energías periodísticas es realmente extraordinario.

El efecto

El proceso de información periodística no termina con la recepción e interpretación, sino con la reacción que esas informaciones provocan en la conciencia de los receptores, elevando el nivel del pensamiento, ampliando sus conocimientos y originando otro proceso más rico. Hasta que los nuevos contenidos de conciencia no están en condiciones de repercutir de forma duradera y autónoma, en progresión dialéctica, no puede considerarse terminado el proceso de información periodística. Tan sólo cuando las informaciones transformen los nuevos contenidos de conciencia en opiniones y convicciones generales traspasarán los límites de sus efectos actuales.

Los numerosos estudios empíricos sobre efectos efectuados desde el trabajo clásico de J. T. Klapper,[7] no permiten aún sacar conclusiones generales. El excesivo empirismo de la investigación de los efectos es uno de los reproches que se le hacen a la investigación americana. El instrumental analítico no es aún bastante preciso para poder aislar la diversidad de condiciones variables que inciden en el proceso periodístico y analizarlas a continuación. El comportamiento informativo y comunicativo es uno de los fenómenos sociales más complejos y diferenciados. La problemática se ha tomado en cuenta al hablar únicamente de "consecuencias" de la recepción.[8]

7. Joseph T. Klapper, *Los efectos de la comunicación de masas* (Madrid: Aguilar, 1974).

8. Para la situación de los estudios sobre efectos véase el libro de F. Dröge, R. Weissenborn y H. Haft, *Wirkungen der Massenkomunikation* (Münster: V. Regensberg, 1969), que contiene un apéndice de 505 trabajos sobre el tema.

Esquema del proceso de creación periodística

El esquema siguiente sólo tiene pretensiones de ilustración y comprende el conjunto de actividades del periodista encaminadas a la producción de un solo trabajo periodístico. El proceso de creación periodística, descrito aquí *idealiter*, se compone de varias actividades parciales que pueden realizarse sucesiva o simultáneamente. Puede implicar el trabajo de uno o de varios periodistas. En el proceso de creación pueden distinguirse varias fases, cada una de las cuales es consecuencia de la anterior y presupuesto de la siguiente. Esta circunstancia permite representar teóricamente el proceso de creación en sus rasgos generales. Debe tenerse en cuenta que el proceso de orientación está subordinado, como presupuesto y componente, al proceso de creación periodística, aunque aquél no represente una fase temporalmente delimitada de éste, sino que sea una actividad constante del periodista.

La exposición esquemática del proceso de creación periodística es como sigue:

Proceso de orientación:

A. Observación constante del entorno y participación activa en la vida social.

B. Estudio constante del nivel de conciencia de los receptores.

Proceso directo de creación:

A. Fijación del tema y de la intención.

1. Fijación de la parcela de realidad que se va a tratar (formulación del tema).
2. Estudio de la documentación pertinente.
3. Fijación de la intención especial pretendida con el trabajo.

B. Planificación

4. Elaboración de un plan de argumentación.
5. Elaboración de un plan para la obtención de la información especial.

C. Obtención de la información especial.

6. Contacto directo con la realidad (estudio de la bibliografía, material de archivo y otras fuentes sobre el tema elegido).
7. Contacto directo con la realidad (participación del periodista en los acontecimientos sociales de todo tipo; conversaciones, indagaciones, entrevistas, etc.).

D. Disposición

8. Elección o fijación definitiva del género periodístico que va a tomar el trabajo.
9. Elaboración de una disposición detallada en donde se ordenen y ponderen las informaciones.

E. Configuración periodística

10. Configuración lingüística o/y otra (por ejemplo, lenguaje + imagen, lenguaje + film + música y ruido).
11. Redacción del trabajo/fijación de la forma técnica.

Este esquema sufre, naturalmente modificaciones según los diferentes medios y géneros periodísticos, de suerte que pueden añadirse más fases u omitirse y repetirse algunas, o sea, que la sucesión de fases puede variar. La división del trabajo en las redacciones hace que, por regla general, el mismo periodista no recorra todas las fases o que se reduzcan porque otros periodistas, que suelen estar en posiciones de dirección, han efectuado ya el trabajo previo.

El dominio teórico del proceso de creación permite a la praxis periodística el control efectivo del trabajo de periodistas individuales y de colectivos. Facilita la valoración de la calidad de un trabajo periodístico comparando tema e intención con el resultado y puede apuntar formas adecuadas para dividir el trabajo de varios periodistas.

9. Métodos de conocimiento en la información periodística

Concepto de método

Etimológicamente "método" significa "camino hacia algo". Un método es, pues, un procedimiento para llegar a alguna parte determinada. A un mayor nivel de abstracción, se entiende por método un sistema de reglas para la realización de actividades teóricas y prácticas tendentes al logro de determinados resultados. El objetivo general de todos los métodos es el conocimiento de la realidad y su posible transformación.

Las cuestiones metodológicas juegan un papel cada vez más significativo en el desarrollo de las ciencias. La discusión internacional demuestra que este hecho depende directamente del necesario aumento de la efectividad de la investigación científica en las distintas disciplinas. La creciente cientificación de todas las esferas de la vida hace que la metodología adquiera cada vez mayor importancia para el trabajo interdisciplinario. Además de los métodos especiales de cada ciencia, existe una metodología general basada en una concepción filosófica general. El método descansa siempre en una teoría que le sirve de orientación. Teoría y métodos se condicionan mutuamente, y no pueden separarse.

El presupuesto de la adecuación de un método, es decir, que los procedimientos y operaciones determinadas por él lleven siempre desde las respectivas situaciones de partida a los resultados pretendidos, estriba en la existencia de un nexo regular objetivo entre estos estados de cosas y su conocimiento en forma de teoría.

La estrecha relación existente entre teoría y método no significa, sin embargo, que con la teoría venga dado ya el método, ni que ambos sean idénticos. Mientras la teoría tiene carácter afirmativo-explicatorio y su función consiste primordialmente en reflejar la realidad, el método y la regla tienen carácter exhortativo y su misión consiste en dirigir la actuación del hombre.

Para poder crear un método se necesita de una teoría, y, por otro lado, para la construcción de una teoría se necesita un método. Esta aparente paradoja se soluciona teniendo en cuenta el carácter procesual de la obtención del conocimiento, la relación dialéctica entre teoría y práctica. En la historia del conocimiento ha sido necesario, lo mismo que ahora, trabajar, no sólo con proposiciones, sino también con reglas que en cierto modo tienen carácter hipotético y necesitan ser comprobadas.

El periodismo utiliza también un determinado conjunto de métodos para el conocimiento de la realidad. A ellos se dedican los epígrafes siguientes de este capítulo.

El método inductivo en periodismo

En el periodismo, el proceso de conocimiento de la realidad se efectúa de dos maneras: **por regla general**, como ocurre en el campo de las ciencias naturales, el pensamiento va desde la realidad viva a las generalizaciones, y raras veces desde los principios generales a los hechos aislados de la realidad. Así que en el periodismo, lo característico es ir desde los hechos, acontecimientos y observaciones individuales, particulares, a las generalizaciones, a las abstracciones de distinto grado, según la tarea y el objeto de estudio. Y es lógico que así sea. El periodismo en general, y más aún el especializado, contribuye a conocer la vida en sus manifestaciones concretas. Se nutre de "hechos" y ofrece a los receptores una percepción amplia, generalizada, de la realidad en todos sus aspectos. La comprensión se inicia con el estudio empírico. Para aprender a nadar hay que meterse en el agua.

El método inductivo tiene una importancia especial en el periodismo, puesto que el reflejo de la realidad en forma de situaciones concretas de la vida, de acontecimientos y luchas individuales es propio de su actividad. El método inductivo sólo conduce a conclusiones correctas si se observan determinadas condiciones metodológicas. Entre estas condiciones se cuentan:

1) el punto de vista desde el que el periodista observa los hechos;

2) la clasificación científica de los datos empíricos;

3) la observación de un fenómeno en sus nexos causales y desde diferentes ángulos, a fin de ofrecer una imagen global del mismo; y

4) la inclusión de suficiente material experimental.[1]

Sin embargo, ocurre con frecuencia que le periodista emite un juicio global sobre la base de dos o tres hechos. Y es que la calidad de la penetración de la realidad también depende de la capacidad de ver un solo hecho, de comprender su esencia, su sentido social. De ahí que resulte obligado aclarar lo que se entiende por hecho en periodismo.

Un hecho es un fenómeno objetivo o un proceso que se efectúa efectiva-

1. Cfr. M.S. Cerepachov, *Probleme der Theorie der Publizistik* (Leipzig, 1975) 2.ª parte, págs. 114-162.

mente en la realidad. Ahora bien, el término "hecho" es polisémico. Los tres significados más corrientes son:

1) sinónimo del término lógico "real";
2) sinónimo del término acontecimiento;
3) se utiliza también para designar una clase especial de manifestaciones empíricas que son el resultado de una serie de datos empíricos directos, obtenidos en un experimento.

El hecho concebido como acontecimiento no entra en el campo de las ciencias. Ahora bien, el hecho en su acepción de acontecimiento es precisamente la ocupación principal del periodismo. De ahí que, desde el punto de vista del conocimiento y del reflejo periodísticos de la realidad pueda definirse el hecho como acontecimiento real, no inventado, con carácter de algo único, lo que ocurrió ayer u hoy y en un lugar preciso.

El hecho se distingue, pues, por su carácter dinámico, refleja un suceso, un instante en la actividad de una persona, de un colectivo, de una sociedad, una acción. De ahí que en periodismo convenga distinguir siempre entre hechos y datos, ya que es frecuente confundirlos. Para el estudio de las experiencias, no sólo son importantes los resultados, las cifras y los datos, sino también el proceso mismo. La generalización de las experiencias sólo adquiere la necesaria convicción y evidencia cuando las conclusiones se sacan en el curso de la demostración de momentos esenciales, de acontecimientos únicos, de situaciones temporal y espacialmente determinadas. Con frecuencia, la solución de una tarea periodística exige establecer la necesaria relación entre los elementos que determinan un instante concreto en la vida de una persona o de un grupo y las características generalizadas que dan las proporciones y la significación de lo que se describe.

La selección de los hechos periodísticos la efectúa el propio periodista. Elegir equivale a evaluar la importancia, la significación de un acontecimiento. El hecho que aparece como noticia en la columna de un periódico o en un programa informativo de radio y televisión, denuncia la posición del informador, su concepción de la significación social de aquel hecho. Esta posición del emisor, del periodista, se manifiesta, por tanto, en:

a) la selección del propio material;
b la valoración, expresa en la matización, calificación y presentación del hecho mismo.

Todo esto nos lleva a afirmar que, en el proceso de conocimiento, la posición ideológica del periodista determina el grado de objetividad y de perfección del reflejo.[2]

Ocurre a veces que, al analizar una parcela de la realidad, un hecho, un acontecimiento, el periodista abarca únicamente lo típico, lo general, y no se esfuerza por desentrañar lo específico, lo particular del caso. Es bien sabido, por ejemplo, que el periódico insiste día tras día en determinados problemas.

2. El diferencial semántico de Osgood y los perfiles de polaridades son entre otras, técnicas muy apropiadas para determinar la posición de un emisor o de un órgano periodístico.

La diversidad de temas y problemas cristalizan en las distintas formas de información periodística; reportajes, artículos, crónicas, noticias, etc. No resulta difícil reconocer que las informaciones dedicadas a un mismo tema se parecen como una gota de agua a otra. Pues, bien, una de las razones de este "parecido" estriba en la incapacidad para desentrañar lo peculiar del hecho. Pero hacerlo es importante, y no porque su lectura resulte más amena, sino en aras de un conocimiento más profundo y diversificado de la realidad. Pues lo general y característico de un determinado fenómeno o proceso sólo puede desvelarse a través de lo particular. Como es sabido, sin lo particular no existe lo general. Es evidente que cuanto mayor sea la precisión con que se refleje lo singular, con tanta más profundidad se revela lo general y tanto mayor es el interés de los receptores por la información. Este interés no se consigue mediante un efecto formal, sino que lo despierta el valor epistemológico de lo que se comunica.

Se ha hablado del hecho como tal, en su función puramente informativa. Pero también desempeña un papel extraordinario como material directo de análisis, como medio de argumentación, como punto de partida para obtener conclusiones y generalizaciones. Pero dentro de un sistema, de un grupo temáticamente unitario, unido a datos, constituye un medio importante del conocimiento periodístico, del reflejo periodístico de la realidad, de sus procesos y tendencias evolutivas, un medio para vencer dificultades, resolver conflictos y contradicciones y para acumular experiencias sociales en sus más variadas formas.

El movimiento del pensamiento periodístico transcurre de dos maneras. Por un lado, partiendo de los hechos, el periodista llega, tras un análisis, a determinadas conclusiones. Por otro, se sirve del método para analizar una parcela de la realidad, esto es, hechos, a fin de lograr su objetivo, de exponer el problema que lo estimula.

Cuando los hechos se convierten en una fuente de análisis, cuando sobre la base de ellos se llega a generalizaciones de tal o cual grado, la tarea del periodista es, por supuesto, más compleja. Y cuando un hecho está en relación recíproca con otros hechos, datos y principios, se descubre otra propiedad sumamente importante: el hecho puede interpretarse de forma distinta. Su relación con otros hechos puede descubrirse bajo aspectos y ángulos diferentes.

En el artículo o en la crónica, los hechos se vinculan con el acontecer: cuando un hecho aparece en el lugar adecuado, refleja el desarrollo de cualquier acontecimiento o el origen de las causas y consecuencias de determinados fenómenos. Pero, con frecuencia, los hechos aparecen también en una relación asociativa.

Análisis y generalización periodísticos

El elemento analítico de la información periodística tiene para el conocimiento, para la ampliación de conciencia, mucha más importancia de la que generalmente se le otorga. En un capítulo anterior se insinuó ya que la falta de análisis es precisamente una de las grandes deficiencias de la oferta informativa actual. Su consecuencia es la confusión de los consumidores y no su orientación, no su enriquecimiento cognoscitivo.

La información periodística no sólo debe ofrecer regularmente informaciones veraces, sino también analizarlas, elaborarlas científicamente, a fin de poder llegar a conclusiones correctas. Como ya se vio anteriormente la profusión de noticias e informaciones, aún en el caso de que sean correctas, desconcierta y narcotiza al hombre si no van acompañadas de su correspondiente análisis e interrelación.

El problema del análisis es una de las cuestiones clave del periodismo bajo el punto de vista del conocimiento de la realidad en sus tendencias evolutivas. El camino que lleva desde lo visible, desde el fenómeno, a la esencia, sólo puede recorrerse a través del análisis. Analizar los hechos no significa, empero, analizar una parcela de la vida bajo un aspecto concreto. Los hechos interrelacionados deben ser el resultado del estudio de la realidad directa, de una selección característica.

El análisis presupone la descomposición del todo en sus componentes. Para poder separar las características de un objeto hay que saber cómo son esas características. En consecuencia, el análisis sólo es posible cuando el periodista está dispuesto a abarcar el objeto en su globalidad y se apoya en el método deductivo. Deducir significa también derivar. Inducción y deducción tienen que coincidir, concordar. Esto significa que, en una deducción correcta, los datos sacados de la experiencia y las conclusiones obtenidas de su análisis, deben confirmar el principio general, nacido de la praxis histórica. Si, en el curso del análisis, resulta que inducción y deducción no concuerdan, eso significa que algo falla: o es el análisis o es que la praxis pone en entredicho el principio general.

El análisis correcto es una garantía de la lógica del pensamiento, pues el pensamiento verdadero siempre es lógico. El análisis de calidad y completo tiene, al menos, dos dimensiones: la amplitud o extensión y la profundidad o nexos causales. La amplitud permite mostrar la extensión de un fenómeno o acontecimiento, el grado de lo característico de los hechos. Pero éste, no es más que un aspecto del trabajo analítico. También es necesario analizar en profundidad, poder averiguar el condicionamiento causal de los hechos. Es bastante frecuente leer, oir y ver informaciones periodísticas limitadas a mero empirismo, sin planteamientos ni problemas. Tan sólo el pensamiento que penetre en las causas y explique las condiciones y las circunstancias que permiten el desarrollo de los rasgos positivos y la eliminación de los factores negativos despejará el camino a los planteamientos y a las propuestas constructivas, al aumento de conocimientos sólidos.

Una forma segura de averiguar los nexos causales de los hechos y los acontecimientos consiste en utilizar las investigaciones sociológicas concretas. El método sociológico de investigación de la realidad es sumamente útil para la praxis periodística. Pero este método requiere un elevado gasto de trabajo y los órganos de información periodística, especialmente la prensa, no están en condiciones de utilizarlo cada día. Lo que sí puede hacer la prensa, como los otros medios, es divulgar los conocimientos obtenidos por el método sociológico. La investigación de la sociología aplicada traduce toda una serie de hechos concretos, de opiniones y actitudes individuales, al lenguaje de la estadística y los baremos, aunque a costa de lo individual.

Es evidente que los estudios sociológicos concretos tienen gran importancia para el periodismo desde el punto de vista de la argumentación. Pero el material estadístico no debe oscurecer el análisis de las situaciones individuales. Cuando el periodismo sabe vincular los datos generales al comportamiento, las ideas y aspiraciones de una persona concreta, adquiere grandes posibilidades de realizar su función educativa.

El problema de la argumentación es una constante en el proceso de conocimiento. Para éste es importante reunir los argumentos necesarios, las pruebas, convertirlas en base de las generalizaciones, conclusiones y recomendaciones. La mayoría de los argumentos se obtienen en el análisis directo. Pero la argumentación no se acaba en la parcela de realidad que representa el material fáctico acumulado. El estilo empleado, el nivel de comprensión y exposición, también tienen mucho que ver con la argumentación. El empleo de la analogía, por ejemplo, es un método adecuado para muchos casos. La analogía presta fuerza de convicción al trabajo periodístico y refuerza su efecto emocional.

En cualquier caso, no debe olvidarse que la observación del periodista está en relación recíproca con la experiencia de los receptores, y sobre ella ha de descansar el método de argumentación más eficaz.

El principio del conocimiento objetivo y científico de la realidad permite a la información periodística, no sólo desempeñar su responsable tarea de formar la opinión pública, sino participar activamente en la creación y ampliación de la conciencia social.

Método para el estudio de la información periodística

El procedimiento adecuado para el estudio correcto de la parcela de realidad social constituída por la información periodística debería dar los pasos siguientes:

1) análisis de las relaciones existentes entre la infraestructura, la estructura y la supraestructura de la información periodística;

2) identificación de las contradicciones que puedan existir dentro del proceso de información periodística y las que surjan en relación con el sistema social en donde se produce;

3) estudio de los contenidos, formas y funciones de la información periodística;

4) planteamiento de las alternativas que permitan superar las contradicciones y corregir las deficiencias existentes.[3]

3. En sus líneas básicas, este método se planteó ya en la ponencia "Autonomía y medios de comunicación", de M. Martín Serrano, J. García, J.L. Piñuel, V. Romano y J. Sánchez Carrión, presentada en las Primeras Jornadas de Estudios Socioeconómicos de las Comunidades

La base de la información periodística la constituyen sus medios de producción, transmisión y recepción. La información periodística es un proceso complejo de producción, distribución y consumo de información social, cuya accesibilidad exige unas condiciones objetivas. Estas condiciones están determinadas por tres factores:

a) la dependencia del mercado,
b) la dependencia de la organización,
c) la dependencia de la tecnología.

El punto de partida del análisis debe ser, por tanto, la base material de la producción, el grado y la forma de implantación de los medios de información periodística. Asimismo, deben tenerse en cuenta los canales y redes de distribución de los mensajes, vinculados al desarrollo de la infraestructura de las comunicaciones, si favorecen o dificultan el transporte y difusión de informaciones y mensajes culturales. Como ya se ha indicado más arriba, la accesibilidad no sólo es física y económica, sino también psíquica e intelectual.

Hay que analizar también las relaciones de producción, es decir, la organización de la información periodística. Interesa conocer qué instancias ejercen el control económico y político de la producción y distribución de productos informativos y culturales, a fin de contar con la resistencia que las condiciones actuales pueden oponer a las alternativas. En la industria de la información se observan las mismas tendencias a la concentración que en el resto de la industria. La progresiva concentración incide de forma más o menos directa en todo el proceso de adquisición de conocimientos.

La concentración implica una limitación de la diversidad de opinión, del pluralismo ideológico. En la información periodística lo decisivo no es el número de publicaciones o emisoras, sino la diversidad de las opiniones.

El estudio de la estructura y organización de la información periodística lleva necesariamente a identificar las contradicciones que pueden darse con la base, material y tecnología por un lado, y con sus contenidos y funciones, con su supraestructura ideológica, por otro.

Esta descripción telegráfica de los métodos de análisis y conocimiento de la información periodística lleva, por la lógica de las cosas, a la necesidad del estudio pormenorizado de los diferentes aspectos y manifestaciones de la información periodística, a la necesidad del estudio de la información periodística especializada.

Autónomas, Sevilla, marzo de 1981, y publicada en las Actas del Congreso, vol. VI. *Sociopolítica y Comunicación de Masas*.

10. La especialización periodística

Concepto de información periodística especializada

La especialización es el resultado del desarrollo de la producción y la consiguiente división del trabajo, que ha conducido a la autonomización de diferentes fases y aspectos de la producción material e intelectual, con su consiguiente importancia para el progreso científico y técnico.

En información periodística se entiende por especialización el conjunto de actividades encaminadas a la recogida, elaboración, transmisión y recepción de informaciones y conocimientos relativos a un área concreta del periodismo. La existencia de la especialización periodística y la actividad periodística especializada son consecuencias de la división del trabajo en el periodismo.

La diversidad de la especialización periodística es tan grande como la de los medios, formas y contenidos de la información, como las esferas de las actividades y los intereses del hombre. Se afirma, con razón, que la especialización informativa aumenta la eficacia, aunque reduzca la audiencia. Pero también es cierto que el desarrollo de la personalidad debe ser multilateral y armónico. El hombre que sólo sabe hacer una cosa, que sólo entiende o se interesa por una cosa, es socialmente un mutilado.

El estudio de las diferentes facetas del periodismo, de la información periodística especializada, se justifica precisamente por alcanzar ese ideal de plenitud armónica del hombre, tanto en el informador, en el periodista, como en los informados, los receptores.

En un mundo científico cada vez más fragmentado y compartimentado, se impone como necesidad vital el conocimiento de lo que hacen los otros y, hasta cierto punto, de cómo lo hacen. De ahí que el estudio de la información periodística especializada, de las diferentes manifestaciones y modos del quehacer periodístico ocupe un lugar preeminente en los principales centros académicos dedicados a la enseñanza y a la investigación de la información y comunicación como ciencias sociales. La especialización propiamente dicha viene después, de acuerdo con las aptitudes, los gustos y las inclinaciones personales.

Como se ha expuesto en el capítulo anterior, el análisis de lo particular puede y debe llevar a lo general. Ahora bien, la observación científica de los árboles no debe impedir la visión del bosque. La creciente especialización no debe conducir a la alienación del científico individual respecto de la integración del saber. Y en el periodista de formación académica y científica, menos aún.

Desarrollo histórico de la especialización periodística

A lo largo de su evolución, de su historia, el hombre se ha esforzado por mejorar constantemente su capacidad de obtener, asimilar y transmitir conocimientos e informaciones sobre su medio, la sociedad, e intercambiarlos con los otros seres humanos. Al mismo tiempo ha desarrollado técnicas, formas, medios y métodos para aumentar la rapidez, la claridad y la diversidad enriquecedora de la información.

En el principio fue la palabra, la lengua hablada, el vehículo principal de transmisión y conservación de conocimientos y experiencias. Con la evolución del lenguaje vino también la especialización. El lenguaje mágico, protocolario, etc., se diferencia de la lengua cotidiana familiar, el de los jóvenes, respecto de los viejos, etc. Las palabras no son únicamente cristalización de pensamiento y experiencia, «sino también instrumento adaptado al quehacer humano»,[1] así como a la transmisión de saberes distintos.

La escritura, aparecida mucho más tarde, confiere carácter de perennidad a la palabra. La información se puede fijar en el tiempo y en el espacio. La evolución de la escritura permitió conservar los mensajes. Durante mucho tiempo, los conocimientos recogidos en los documentos escritos estuvieron reservados a los pocos sabios, seglares o religiosos, y a los administradores que sabían leerlos y descifrarlos. La inmensa mayoría de la población siguió utilizando la lengua hablada como medio para intercambiar informaciones. La aparición, poco frecuente de forasteros (viajeros, peregrinos, nómadas, soldados), interrumpía de momento el orden habitual. «Las noticias que traían eran importantes en la medida en que afectaban a diferentes aspectos de la vida pública y, por consiguiente, de la vida privada. Estas formas de comunicación han sido omnipresentes, permanentes y de excepcional importancia. En el pasado, la comunicación interpersonal servía para reforzar los valores del compañerismo y de la ayuda mutua, así como para contrarrestar la fragmentación impuesta por una autoridad lejana. En todo caso ha tenido siempre la dimensión social al fomentar el trabajo, al facilitar la

1. Cfr. UNESCO, *Un solo mundo, voces múltiples, op. cit.*, págs. 21-36, donde se hace un excelente resumen histórico de la evolución de los medios de comunicación. Este epígrafe es, esencialmente, una síntesis del mismo.

armonía del grupo y al vertebrarlo en la lucha contra las fuerzas naturales y en la adopción de decisiones colectivas. Sigue siendo un aspecto insustituible de la comunicación humana.

»Poco a poco, la comunicación se institucionalizó en las sociedades tradicionales, como ha ocurrido en las sociedades ulteriores. La comunicación interpersonal ha coexistido con la comunicación pública para transmitir las normas y las costumbres. A medida que se iba institucionalizando la comunicación, surgían categorías profesionales que asumían la función de custodios de la memoria colectiva y la responsabilidad de transmitir ciertos tipos de mensajes: griotes, bardos, hechiceros, jefes de tribu, mercaderes, jefes de panchayat, administradores, bailarines, escribas, etc. La institucionalización inicial de la comunicación se produjo paralelamente al desarrollo de unas sociedades que adquirían una mayor complejidad y cuyo desarrollo favoreció».[2]

La voz humana tiene unos límites de difusión bastante reducidos. Por otro lado, el mensaje escrito en la tablilla, el pergamino o el rollo, viajaba únicamente a la velocidad de un corredor, de un caballo, de un ave o de un barco de vela. No obstante, esta lentitud no fue obstáculo para que el mensaje de Buda, de Cristo o de Mahoma se difundiera hasta los confines de la tierra entonces conocida.

La circulación de la información era, como en la actualidad, una manifestación de la sociedad organizada. Sin una difusión de información, sería difícil imaginar los progresos de la administración, el comercio, la educación, etcétera. Y ello, a pesar de que las informaciones seguían teniendo un carácter restringido, eran aleatorias por las fuentes y por el público. Su objetivo principal era fortalecer la tradición, la autoridad, fomentar la pasividad y consagrar el orden establecido.

Estas formas tradicionales de transmisión de información y conocimientos, no sólo son importantes para conocer la evolución del intercambio de mensajes, sino para señalar igualmente las ventajas y los inconvenientes de las formas actuales de la información periodística. Desde sus comienzos como información institucionalizada, presenta ya unos aspectos que se han conservado hasta el presente: poder de quienes controlan y canalizan la información, influencia de la información sobre la acción social, desigualdad entre los diferentes grupos o clases sociales.

Durante toda la Edad Media, el núcleo de la información lo constituyó el mensaje religioso, nacido de una conciencia religiosa que utilizaba los medios de comunicación para la enseñanza de la doctrina en vez de la transmisión de conocimientos nuevos.

Con la Edad Moderna, que se hace coincidir con el proceso de diferenciación intelectual, de secularización, la información se convierte en expresión de la personalidad, difusión de nuevos movimientos y pensamientos, saliendo del dominio de la iglesia y alcanzando a otras capas de la población. El invento de

2. *Ibid*. págs. 22-23.

la imprenta, conocido desde hacía siglos en China, conquistó rápidamente Europa cuando ésta necesitaba desde el punto de vista social e intelectual la rápida reproducción de escritos e imágenes. La autoridad eclesiástica era ya incapaz de contener la difusión de los nuevos contenidos de conciencia.

El paso de la palabra escrita a la impresa no puede compararse con el que se dio desde la palabra a la escritura. Pero sería falso entenderlo en términos meramente cuantitativos. El manuscrito tiene un carácter privado, se dirige a un lector individual. El mensaje impreso, en cambio, se despersonaliza, se objetiva, aleja al receptor, establece el "misterio del anonimato". No es éste el lugar para describir el desarrollo histórico de los productos impresos que llevan a los primeros periódicos. La historia del periodismo ya lo ha aclarado. Pero sí interesa destacar un par de aspectos. El paso del manuscrito a la imprenta, del producto ocasional al mensaje continuado, transcurre de manera paulatina y sin interrupciones, aunque no en línea recta y de forma planificada.

Tras los libros, vinieron los panfletos y, poco después, en el cambio del siglo XVI al XVII, los periódicos. Aquellos primeros periódicos recogían y difundían informaciones sobre el comercio y los viajes, denunciaban indiscreciones y escándalos, hacían comentarios satíricos sobre la vida social y política. Los había también que pretendían movilizar la opinión pública en favor de una causa democrática. En sus orígenes aparecen ya los tipos de prensa que se conocen hoy: de negocios, sensacionalista y militante. Por otro lado, el periódico no nace solamente por el afán comercial de impresores y editores, por la sed de noticias de los lectores, sino también por la necesidad que tenían los príncipes de este mundo de controlar y dirigir un medio de información pública cada vez más importante.

El proceso de secularización del siglo XVI terminó en la divinización de los poderes terrenales, en el absolutismo del siglo XVII y XVIII. Los medios estatales de control y la política informativa variaban de un país a otro y de un príncipe a otro. También era distinto el grado de tolerancia en información religiosa, política, etc. Lo que en principio estaba prohibido era la información sobre política interior. Fue entonces cuando surgió el concepto de "libertad de prensa".

En otro orden de cosas, los periódicos solían ser obra de una sola persona, que era redactor, cronista y editor a un tiempo. El periodismo personal se mantuvo aún hasta bien entrado el siglo XIX. El periodismo se concebía aún como una misión y no como una profesión. Existen, sin embargo, y desde mediados del siglo XVII, publicaciones muy diversas, periódicos, revistas, etc., y con ellas la especialización por áreas informativas y por públicos.

La prensa de masas aparece pisándole los talones a la revolución industrial. Se acentúa con ella la disparidad entre periódicos "serios" o "de calidad", que leían las personas instruidas, y los llamados "populares" o sensacionalistas. La máquina desplaza al artesano del proceso de producción, el producto individual cede a la producción masiva y en serie. La relación personal entre productor y comprador se oscurece ante la producción de mercado, con su juego anónimo de oferta y demanda. La concentración de las industrias lleva a la concentración de muchas personas en un mismo lugar de trabajo. Los dos rasgos distintivos de la revolución industrial, la máquina y la masa, aparecen también en la información periodística con la linotipia, la rotativa y la prensa de masas. El telégrafo añade una nueva especialidad a la información periodística, la del periodismo de agencias. A finales de siglo empieza a propagarse el periodismo gráfico, que con el cine y la radio crea la información periodística tal como se conoce hoy.

En la actualidad, no existe ningún impedimento técnico que se oponga a la diversificación, especialización e individualización del contenido de las informaciones en la medida necesaria. El único obstáculo lo constituyen unas estructuras sociales que permiten la existencia de pobres y marginados, de analfabetos y grandes sectores de la población para los que la información es material e intelectualmente inasequible. «Si bien es cierto que hoy en día —más que nunca— la información y la comunicación pasan a ser fuentes de creación de riqueza, el sistema de las disparidades existentes y las desigualdades en este campo pueden ensanchar aún más el abismo que separa a los ricos de los pobres», como dice el informe de la UNESCO, y continúa:

«La evolución a este respecto no depende solamente de los descubrimientos técnicos sino de que se perciban claramente las posibilidades y las necesidades de índole social, política y económica, cultural o espiritual».[3]

Clasificación de la información periodística

Si se exceptúa un primer esbozo adelantado en 1974, la bibliografía en castellano sobre la especialización en periodismo es prácticamente inexistente. La tipología global de la información periodística está aún por hacer. La que a continuación se sugiere, se hace a sabiendas de que podría complementarse con otros aspectos y detalles, pero en la convicción de que puede servir de base para un desarrollo ulterior.

La información periodística puede clasificarse en función de:

1) los medios (prensa, radio, TV, etc.);

2) su espacio geográfico (local, regional, nacional, etc.);

3) los contenidos o áreas (política, económica, cultural, deportiva, etc.);

4) la forma (noticia, informe, artículo, reportaje, etc.);

5) la propiedad (privada, pública, etc.);

6) los informadores (corresponsales, reporteros, redactores, etc.);

7) los públicos (intelectuales, gremios profesionales, público en general, etcétera);

8) la edad y el sexo de los consumidores (infantil, juvenil, femenino, etc.);

9) las funciones y objetivos (información, comentario, entretenimiento, etcétera);

10) la política informativa (restrictiva, liberadora, etc.).

3. *Ibid.* pág. 35.

11. El estudio de los medios

Razones para el estudio de los medios

Los ideólogos del progreso predicen solemnemente que: los bancos de información electrónicos almacenarán el saber de la humanidad y lo pondrán a disposición de todo el mundo. El correo, el periódico y la revista, se remitirán electrónicamente. Cada receptor se convertirá en emisor en virtud de la abaratada miniaturización desarrollada por la industria electrónica japonesa. Cada cual podrá producir sus propios mensajes (Enzensberger). Lo que hasta ahora hacían los periodistas profesionales será de aquí en adelante cosa de aficionados puesto que todo el mundo habrá aprendido a manipular los nuevos aparatos. Todos los medios utilizados en el tráfico de noticias estarán abiertos, como las plazas o los mercados. Y cada habitante de ese nuevo mundo, bañado por esa tercera ola (Toffler) o con el fabuloso microprocesador (Ch. Evans) en su bolsillo será un hombre culto, bien informado. Dispondrá soberanamente del saber acumulado durante milenios y hará siempre un uso correcto de sus conocimientos. Y así sucesivamente.

Cabe preguntarse, sin embargo, qué va a pasar en esa «sociedad bien informada» con las condiciones de vida y de trabajo del hombre, con la pluralidad de lenguas, las diferencias en el uso del lenguaje, las interpretaciones y significación que tendrá ese mundo para la sociedad tal como se conoce hoy. Como dice H. Pross, aún se ignora cuáles serán las condiciones de la existencia humana en una red de conexiones informativas globales. Ni siquiera se conoce bien su estado actual.[1]

El rápido desarrollo de la tecnología durante los últimos decenios ha multiplicado y refinado los medios de transporte de información. Pero no se vis-

1. Cfr. H. Pross, *Medienforschung* (Carl Habel Verlagsbuchlandlung, Darmstadt, 1972), cuyo razonamiento se sigue en sus líneas básicas.

lumbra claramente adónde conduce este gasto técnico, ni si esas predicciones optimistas tienen un fundamento real. Indudablemente, no sólo hay que observar cómo se concretan las nuevas posibilidades. También hay que pensar en lo que puede significar la información, el entretenimiento y la esfera de lo público en un mundo tan tecnificado. Y hay que preguntarse con toda franqueza si lo que se ofrece como progreso va a contribuir en realidad a la emancipación y a un mayor nivel de coexistencia humana.

Es evidente que los nuevos medios plantean interrogantes cuya respuesta es necesariamente interdisciplinaria. La investigación de la transmisión de conocimientos e informaciones interesa a las ciencias naturales, a la filosofía, la sociología, el derecho, la psicología y, no en última instancia, a la política. La investigación del proceso de información ha sido siempre una ocupación científica que ha tenido que recurrir a otras ciencias.

Ahora bien, para penetrar en la esencia de la información periodística hay que estudiar sus manifestaciones externas, cuyo conocimiento permitirá seguir investigando. El estudio de los medios parte, en este sentido, de las formas y modalidades de información. Se estudian los medios para aclarar los fines a los que están subordinados.

No se trata, por tanto, de estudiar una emisora de radio, o televisión, o una revista ilustrada, sino de aclarar los procesos en que aparecen esos instrumentos. El estudio de los medios se asemeja así al del tráfico, que no analiza un automóvil, un avión o un tramo ferroviario, sino las conexiones existentes entre estos vehículos. El parecido aumenta si los medios de información se conciben como medios de transporte que llevan estados de cosas psíquicas, los contenidos de conciencia de personas.

Exponer los enfoques de la investigación de los medios equivale, en primer lugar, a explicar lo que se entiende por medio de información, así como las modalidades de información que se toman en cuenta. Aquí se hace una clasificación desde la perspectiva histórica, puesto que, junto a los medios de siempre, existen refinadísimos instrumentos técnicos. Estos, a su vez, resultan inimaginables sin los medios del contacto elemental humano. La investigación de los medios siempre ha tenido que ver con la mezcla de arcaicas formas de expresión y los últimos sistemas técnicos, que relativizan esas formas de expresión. No es que la gente deje de sacarse la lengua o hacerse un corte de mangas porque tenga un televisor en color. La mueca sigue siendo un medio elemental de expresión, pero significa algo distinto cuando se transmite electrónicamente a millones de telespectadores. Lo que esa realización significa para los grupos, los sistemas políticos y sociales, es una cuestión del estudio de los medios.

Todo lo que tiene que ver con la información y la comunicación está relacionado también con el poder, la impotencia y la violencia. Como se trata de medios, la diferente posesión de los mismos constituye la desigualdad. La persona que carece de medios, o, más exactamente, de medios de intercambio informativo, no puede hacerse entender. Es el perjudicado en el intercambio social, si es que llega a participar en él. Y no se trata de ninguna metáfora. Hay que imaginarse al disminuido físico o psíquico, al ciego o al sordomudo, al analfabeto, y compararlo con el político, sobre el que se concentran cámaras y micrófonos, cuyas palabras se difunden a los cuatro vientos y penetran el pensamiento, las emociones y la acción de la gente. Si Marx tenía razón cuando decía que la emancipación era la reducción de las relaciones al hombre, la investigación de los medios resulta entonces una tarea científica emancipadora. Su material no permite más tratamiento que el de reducir el mundo humano al hombre mismo, ya que los medios de información y comunicación no se conciben de otra manera.

El estudio de los medios debe entenderse, por consiguiente, como un campo de trabajo del periodismo que aspira a una mayor precisión en la comunicación y a un conocimiento más profundo de sus causas. Su objetivo estriba en descubrir las condiciones de la libertad, o falta de libertad, concreta del hombre en la comunicación pública.

Efectos de los medios

Está muy difundida la tesis, apoyada por numerosos estudios empíricos, de que los medios apenas tienen influencia en la vida espiritual y en la conducta de sus consumidores, sino que únicamente pueden reforzar las opiniones, nociones, juicios y comportamientos existentes de antemano, pero no modificarlos. Es cierto que el uso actual de los medios así lo confirma.

No obstante, aunque tal vez se navegue contra corriente, aquí se defiende la tesis opuesta. Los medios no son ni buenos ni malos, depende del uso que el hombre haga de ellos. Si se piensa en otros usos posibles, los medios pueden ejercer una influencia considerable en el pensamiento, los sentimientos y las acciones de los hombres. Esta tesis se basa en los supuestos siguientes:

1) El desarrollo tecnológico permite aumentar la oferta periodística y cultural, así como una mayor diversificación de contenidos que se correspondan con los intereses de los consumidores.

2) A medida que se eleva el nivel de conocimientos y de conciencia de la población, se intensifica la recepción y, en consecuencia, aumenta la demanda.

3) Las leyes y condiciones de los efectos de los medios se conocen cada vez mejor y, de este modo, se puede planificar mejor su actividad.

No es cierto que los medios de masas condenen, de por sí, a los receptores a la pasividad y frenen la creatividad e impidan el desarrollo de una vida cultural rica. Semejante concepción niega a toda recepción de experiencias mediadas su rasgo de actividad intelectual. Cabe que la profusión caótica de informaciones esté en contradicción con las posibilidades de recepción y asimilación de los receptores. Los análisis de audiencia de la TV, por ejemplo, indican que, tras la fiebre televisiva de los primeros años, se reducen las horas dedicadas a ver la televisión, pero se selecciona más la oferta, o sea, la recepción se hace más intensiva.

Los medios influyen en el modo de vida, como demuestran todos los estudios efectuados a este respecto. De lo que se trata es de que esa influencia negativa se convierta en positiva, es decir, en una configuración distinta de las condiciones de vida y de trabajo y en la realización de normas culturales en la vida cotidiana. Claro que esto requiere aprendizaje, y los medios pueden ayudar al hombre a aprender ese modo de vida más activo, participativo, emancipador. Como es sabido, cada día los medios son consejeros personales en miles de cuestiones de la vida cotidiana, de las relaciones interhumanas, de la educación, de la organización del tiempo libre, moda, diversión, etc.

Los medios de información en particular los medios de masas, pueden y deben contribuir al desarrollo espiritual del hombre, a la ampliación de su conciencia, impulsando así la formación de la personalidad. De lo que se trata es de buscar en la propia vida lo que es nuevo e importante.

Los hábitos sociales de los usuarios tienen una gran influencia en la recepción de informaciones. Se trata, pues, de ahondar en la dialéctica existente entre las necesidades culturales subjetivamente sentidas y objetivamente dadas, así como entre los hábitos, gustos y necesidades existentes y los nuevos que deben desarrollarse.

Si se quiere aumentar la influencia de los medios en la configuración de una vida habrá que plantearse asimismo la formación de los informadores, de los profesionales responsables de la ampliación de la conciencia, y las cualidades que han de reunir los futuros periodistas. De ello se habla más adelante.

Tesis para el uso emancipador de los medios

La preocupación teórica por el uso emancipador de los medios existe ya desde hace algo más de medio siglo. Las tesis que aquí se resumen y critican tienen como denominador común el que todas ellas apuntan a la eliminación de la separación existente entre productores y consumidores de información, es decir, a convertir a los consumidores en productores que pueden utilizar los medios para tomar conciencia de sus propios problemas. Las diferentes tendencias existentes entre las teorías se deben, en parte, a que sus autores vivieron y trabajaron en distintos sistemas sociales, y, en parte también, al diferente grado de evolución de los medios en el momento de su elaboración.[2]

En su ensayo *La obra de arte en la era de la reproducción mecánica,*[3] Walter Benjamin muestra los cambios efectuados en las condiciones de la producción del arte. Pretende formular tesis necesarias para la evolución del arte y que él entiende como tesis sobre las tendencias evolutivas del arte bajo las condiciones actuales de producción. Benjamin parte del hecho de que el arte siempre fue imitable, pero que es la posibilidad de su reproducción técnica la que lo ha revolucionado. El desarrollo de la litografía introdujo una nueva fa-

2. La base de este epígrafe la constituyen los trabajos del seminario "Medienpädagogik Kommunikationslehre", del Instituto de Publicística de la Universidad de Münster, RFA, dirigidos por F.R. Stuke y M. Heiks y editados en manuscrito por ellos mismos en la Universidad a distancia de Haghn, 1977.

3. W. Benjamin, *Discursos interrumpidos* I (Madrid: Taurus, 1973).

se en la técnica de la reproducción. Su consecuencia fue la difusión masiva de las artes gráficas. Poco después, la fotografía superó esta técnica y el peso principal de la actividad artística se desplazó de la mano al ojo. La vista abarca con más rapidez que la mano puede pintar, con lo que el proceso de reproducción se aceleró de tal manera que alcanzó al lenguaje. Se da así el paso hacia el cine.

Lo revolucionario en el arte fue que destruyó la unicidad, el aura que lo había determinado hasta entonces, es decir, la incrustración de la obra de arte en un contexto temporal, espacial e histórico. Con la destrucción del aura, se separa de su contexto tradicional. Con su reproducción masiva, el arte se actualiza. Estos procesos conducen a la sacudida violenta de las tradiciones, que es el reverso de la crisis y renovación de la humanidad.

A continuación, W. Benjamin intenta derivar el significado histórico del arte. En los primeros tiempos servía casi exclusivamente al culto y a la religión. Importaba más la presencia del arte en un contexto religioso o de culto que el ser visto (pinturas de las cavernas, estatuas religiosas en monasterios cerrados al público en general, etc.). Es el desarrollo del arte profano el que empieza a destacar el "valor de exposición" frente al "valor de culto".

Con la llegada de la fotografía, empero, entra en crisis el arte profano y procura conservar su posición privilegiada con *l'art pour l'art.* Con la reproducción técnica de la obra de arte, el valor de exposición desplaza definitivamente al valor de culto. El arte se separa del ritual, pasa a fundarse en la praxis. Al mismo tiempo, sobre todo en la fotografía y el film, se rompe con la estética tradicional. El centro de la obra de arte no lo ocupa ya lo sobrenatural, lo extraordinario, sino el entorno natural, cotidiano.

Con la amplia reproducción se ha modificado la forma de recepción del arte. Hasta ahora, el observador se metía individualmente en la obra de arte, es decir, daba rienda suelta a sus asociaciones . Esta inmersión en la obra de arte no se puede hacer en el film. El espectador se ve confrontado ininterrumpidamente a nuevas impresiones que no le dejan tiempo para dar rienda suelta a sus asociaciones. La recepción y el consumo son colectivos, no individuales. Lo principal no es la profundización *(Vertiefung)* sino la dispersión *(Zerstreuung)*. La continua sucesión de impresiones en el cine produce en el espectador una nueva forma de recepción.

Asimismo, el desarrollo de las técnicas de reproducción y, por tanto, de los medios de masas, equivale a la supresión potencial de los especialistas. Este desarrollo se constata antes, y de manera más acusada, en la literatura. La expansión de la prensa, poniendo a disposición de los lectores nuevos órganos políticos, religiosos, científicos, profesionales, locales, etc., motivó que una porción cada vez mayor de lectores se convirtiera en escritores. Hoy día casi todo el mundo tiene la posibilidad, aunque sólo sea en la sección de "cartas al director", de publicar sus experiencias personales, políticas o profesionales.[4] Potencialmente se anula la diferencia entre autor y productor.

4. La de *El País*, por ejemplo, constituye una de las secciones más instructivas y populares del periódico.

De este análisis deduce Benjamin, en su ensayo *El autor como productor*,[5] cómo el autor debe poner sus facultades al servicio del cambio social. Equipara parcialmente la situación de clase del intelectual con la del proletariado. Ciertamente, el autor es propietario del medio de producción "educación". Pero sólo puede difundir sus productos a través del aparato de los medios privados, es decir, que no posee los medios de producción con los que se distribuyen sus productos. Se produce así cierta proletarización del intelectual. No dispone de sus productos y se ve obligado a vender su fuerza de trabajo.

La proletarización del intelectual, sin embargo, no suele hacer de él un proletario. Ha sido dotado por la burguesía de un medio de producción, la educación, que «le hace solidario de ella, y, más aún, a ella solidaria de él». Por eso es más realista que el intelectual no pretenda, por razones ética cualesquiera, abandonar su actividad por una praxis "más correcta", "más proletaria", "más práctica", cambiar su máquina de escribir por el taller de la fábrica. Sino que, teniendo bien claro el origen verdadero de su solidaridad con el proletariado, es preferible que actúe y se queda donde radican sus cualificaciones.

De aquí se deduce que el autor debe utilizar sus medios para sacar a los receptores de su actividad pasiva, para activarlos y hacer tres preguntas a los productores de medios, que pueden concebirse como patrón de su técnica progresista:

«¿Logra favorecer la socialización de los medios espirituales de producción? ¿Ve caminos para organizar a los trabajadores espirituales en el proceso de producción? ¿Tiene propuestas para la transformación funcional de la novela, del drama, del poema?»[6]

La cuestión de la socialización de los medios intelectuales de producción se dirige directamente contra las relaciones dominantes de producción, su empleo en interés y provecho de unos pocos. Con ello se apela directamente a la activación de los receptores. El autor debe utilizar estos medios de suerte que tengan carácter ejemplificador para los receptores. W. Benjamin propugna que el autor deje de ser el erudito que escribe obras voluminosas y se convierta en "escritor operativo". El trabajador de los medios no sólo debe aspirar a dominar los logros técnicos de sus relaciones de producción, sino también estar dispuesto a adoptar todas las actividades comunicativas de su ámbito cultural.

SERGUEI TRETIAKOW nació en 1892, hijo de un maestro de Riga. Estudió derecho y ejerció la abogacía poco tiempo. Durante dos años (1924-1925) fue profesor de literatura rusa en Pekin y actuó de corresponsal de Pravda. En la década de los 20 trabajó de redactor de la revista LEF (1923-1925) y de Novy LEF (1927-1928). Estas revistas eran el órgano del LEF (Frente Izquierdista de las Artes), que, fundado en 1923, reunía a la vanguardia de izquierdas de los artis-

5. Cfr. W. Benjamin, *Tentativas sobre Brecht. Iluminaciones 3* (Madrid: Taurus, 1975), págs. 115-134.

6. *Ibid.* pág. 134.

tas de la URSS, entre los que se contaba Eisenstein. Bajo Stalin, Tretiakow entra en contradicción con la concepción político-cultural del PCUS, y es encarcelado en 1937. Pasa dos años con su mujer en un campo de Siberia y muere fusilado en 1939.

La tendencia común de los diferentes movimientos existentes entre los miembros vanguardistas del LEF se denomina con el término de "arte de producción". El objetivo de esta dirección era acabar con la obra de arte única, cuya característica era la vinculación de la fantasía y la conciencia al acto de consumo, y, por consiguiente, mantenerla alejada de la producción directa. Por eso, el objetivo de los artistas de producción estribaba en integrar el arte en la praxis cotidiana y en el proceso material y estético de apropiación de la realidad. S. Tretiakow resume esta concepción en esta exigencia:

«Arte para todos pero no como producto de consumo, sino como capacidad productiva».

Con su práctica del arte y de los medios, Tretiakow intenta colaborar directamente en la construcción de la URSS. Se opone a la autonomía e inconsecuencia de un arte que se eleva por encima de toda realidad y exige al arte nuevo, revolucionario, una intervención directa en la política y en la praxis cotidiana. De ahí que siguiera entusiasmado la consigna del PCUS, en relación con el plan quinquenal de 1928: «Escritores a los koljoses».

Tretiakow entendía que el carácter operativo de sus obras estaba en su eficacia directa, práctica.[7] Pero, en su opinión, la eficacia directa del arte no debe considerarse aisladamente como un medio para aumentar la producción material. También es importante, al mismo tiempo, influir, en virtud del carácter operativo del arte, en la conciencia de los hombres, de manera que reconozcan el proceso de apropiación de la realidad como una posibilidad de participar responsablemente en la formación de las propias relaciones de vida.

Su actividad en el koljós consistía, entre otras cosas, en convocar asambleas, organizar colectas, crear periódicos murales, establecer un periódico de koljós, introducir la radio y el cine, y estimular a los campesinos a informar y escribir sobre su propia realidad, la vivida por ellos. Mediante esta "desprofesionalización de la literatura" intenta, en calidad de autor operativo, como lo llama Benjamin, superar la diferencia entre autor y público, entre productor y consumidor. Y dice así:

«Pero un verdadero 'arte para todos' no puede consistir de ningún modo en que todas las personas se conviertan en espectadores, sino precisamente a la inversa, en que todos se apropien de las cualidades y facultades para la construcción y organización de la materia prima y que eran características de los especialistas del arte. Eso en primer lugar. Y en segundo lugar, en la inclusión de las masas en el proceso de creación...».[8]

Tretiakow ve las funciones principales del arte nuevo en la indicación y el

7. Cfr. S. Tretiakow, *Die Arbeit des Schriftstellers. Aufsätze. Reportagen. Porträts*, editado por H. Boehncke (Reinbek 1972), pág. 141.
8. *Ibid.* pág. 14.

descubrimiento de hechos nuevos, en la información, por un lado, y por otro, en la activación de los espectadores, en la agitación. «Los productos del arte son instrumentos para la elaboración de las emociones humanas. El producto del arte es herramienta para la acción social directa e indirecta».[9]

BERTOLT BRECHT, que se consideraba discípulo de Tretiakow y era muy amigo suyo, entiende el arte como praxis eficaz, modificadora, pero le atribuye también una función docente, educativa, pedagógica. «La cuestión de cómo se puede valorar el arte para la radio, y la radio para el arte —dos cuestiones muy diferentes—, debe subordinarse en algún momento a la cuestión mucho más importante de cómo se pueden valorar en general el arte y la radio. Si tenemos razón y nos la dan, esta cuestión se responderá del modo siguiente: arte y radio deben ponerse a disposición de los fines pedagógicos».[10]

Lo que le interesa a Brecht, es la transmisión de pensamiento y de comportamientos socialmente eficaces.

Brecht juzga con más reserva que Tretiakow el efecto del arte y lo ve dependiente del nivel de desarrollo de la controversia social. Pero Brecht no excluye la incidencia directa del arte. Así por ejemplo una pieza de teatro podría servir en un momento determinado de «chispa que hiciese explotar el barril de pólvora».

Igual que Tretiakow, también Brecht persigue la superación de la diferencia entre productor y consumidor. A título de ilustración expone sus reflexiones sobre la "teoría de la radio".[11] Aquí propone transformar la radio, de aparato de distribución, en aparato de comunicación. El objetivo primordial de la radio no estriba, según Brecht, en limitarse a embellecer la vida, sino que debe posibilitar el intercambio. Para él, la función principal de la radio consiste en que «no sólo debe enseñar al público, sino en que éste también tiene que enseñar». Más aún: «la radio sería el mayor y mejor aparato de comunicación que imaginarse pueda en la vida pública si supiera, no sólo emitir, sino también recibir; es decir, si no sólo hiciera oir al oyente, sino que también lo hiciera hablar; si no lo aislase, sino que lo pusiera en relación».[12]

HANS MAGNUS ENZENSBERGER es, el autor de publicística más conocido en España. Sus *Elementos para una teoría de los medios* son lectura casi obligada de los estudiantes de periodismo.[13] Enzensberger propone que los nuevos medios electrónicos no se consideren como medios de consumo, sino como medios de producción, continuando así las reflexiones de Brecht y Benjamin sobre la teoría y función de los medios.

9. *Ibid*. pág. 60.
10. Cfr. B. Brecht, *Schriften zur Literatur und Kunst* 1 (Francfort, 1962), pág. 124.
11. Cfr. B. Brecht, "Der Rundfunk als Kommunikationsaparat", en *Uber Kunst und Politik* (Leipzig, 1977), págs. 36-41.
12. *Ibid*. pág. 37.
13. Publicado por Cuadernos Anagrama (Barcelona, 1972).

El uso represivo-manipulador de los medios, característico de la "industria de la conciencia" debe sustituirse por un uso emancipador. Mediante la autoorganización de los receptores, inmovilizados y despolitizados en la era de la industria de la conciencia, puede surgir una red de comunicación que aproveche plenamente el potencial técnico y emancipador de los medios electrónicos. Enzensberger sugiere que se descubra la fuerza movilizadora de estos medios, que permiten la participación de todo el mundo en el proceso social. Los aparatos de reproducción más sencillos se encuentran ya en manos de los dominados por esa industria de la conciencia: cámaras fotográficas, cassettes, tomavistas, videos, etc. Todo el mundo puede aprender a manipular estos medios, en el sentido de manejarlos. De este modo, los receptores pasivos y aislados pueden presentarse como productores activos y participativos. Por su estructura, los nuevos medios electrónicos son igualitarios. Los programas pueden reproducirse cuando se quiera. El carácter de clase de los privilegios educativos se pierde, al menos en el sentido de que los nuevos medios anulan la propiedad intelectual y, al estar orientados al momento, exigen acción e interacción. Lo que pasa es que como, por ahora, no existe una teoría marxista de los medios, tampoco existe una estrategia útil para este campo. Hasta aquí Enzensberger.

El atractivo de las tesis de Enzensberger tal vez radique en la ingenuidad de sus concepciones, rayanas en el ideal del comunismo primitivo. La fuerza movilizadora no radica en los medios de por sí, sino en el uso concreto que los hombres y mujeres hagan de ellos. No pueden meterse en el saco de la "industria de la conciencia" a los medios de información de masas y a la producción de canciones de moda o de películas. Como dice L. Bisky, lo que el capitalismo de los monopolios retiene no es el empleo de la electrónica en la industria, cosa que hace cada vez más, sino el uso de los medios en interés de las masas, de su emancipación.[14] Obstaculiza aquello que puede poner en peligro sus intereses y su dominio. Poseeer un transistor, un cassette o un tomavistas, no significa todavía disponer de los medios de producción informativa, de las agencias de noticias, de los bancos de datos, ni mucho menos. El análisis de la producción informativa, de los fenómenos comunicativos, debe remitirse, por tanto al análisis de las contradicciones sociales.

Clasificación de los medios

Si se tiene en cuenta la evolución histórica de los medios, éstos pueden clasificarse en primarios, secundarios y terciarios.[15]

Medios primarios: todo intercambio de experiencias y conocimientos, toda interacción informativa se inicia dentro del grupo primario en donde los individuos se encuentran cara a cara. La expresión del cuerpo y de las extremi-

14. Cfr. Lothar Bisky, *Crítica...*, *op. cit.*, pág. 113.
15. Cfr. H. Pross, *Medienforschung*, *op. cit.*

dades, las posibilidades expresivas de ojos, frente, boca, nariz, postura de la cabeza y movimiento de los hombros, movimientos del cuerpo, brazos y manos, etc., transforman la capacidad humana para diferenciar los movimientos en informaciones para los demás. En los medios primarios, lo que importa es sintetizar los conocimientos especiales en una persona. El orador tiene que dominar la mímica y utilizar el gesto adecuado, en el momento oportuno. La palabra hablada, concretada en el diálogo directo, sin ninguna interposición instrumental, sigue siendo el principal vehículo de información. El mensajero tiene que saber correr, cabalgar o conducir y asegurar su mensaje. La estafeta militar, el correo diplomático, el agente secreto o el pregonero son medios primarios de transporte de información aún vigentes. Todos estos medios tienen en común que no se interpone ningún instrumento entre emisor y receptor y que bastan los sentidos del hombre para la producción, el transporte y el consumo del mensaje. Son, como dice Pross, medios del contacto elemental humano. La vigencia de estos medios no ha desaparecido con el tiempo, sino que su importancia se destaca aún más ante la presencia del instrumental tecnológico moderno.

Medios secundarios: en el empleo de señales se hace norma lo que se anuncia ya en el ceremonial: varias personas especializadas se reúnen en un acto informativo determinado por la señal. La señal se interpone como magnitud propia entre emisor y receptor. Desde la prospectiva de las ciencias naturales también ocurre así con los medios primarios; las ondas sonoras o luminosas transportan la voz o el gesto. Pero, como se dice más arriba, no se requiere ningún instrumento adicional para la emisión, y lo que importa en los medios secundarios es precisamente el **aparato** y el trabajo invertido en él.

Se llaman, por tanto, medios secundarios, aquellos medios que transportan un mensaje al receptor sin que éste necesite un aparato para su recepción. Entre ellos están la imagen, la escritura en sus distintas manifestaciones y, sobre todo, los diferentes productos de la prensa en su sentido más amplio.

Medios terciarios: son los portadores de señales, de informaciones, que requieren aparatos artificiales, instrumentos técnicos para la emisión y la recepción. Este tipo de medios se inicia con la telegrafía eléctrica y sigue con el teléfono, la radio, el cine, la televisión, etc. La distinción es importante porque, a medida que aumenta la complejidad de los medios técnicos, éstos permiten la transmisión a un número cada vez mayor de fuerzas desconocidas, invisibles que actúan en estos medios.

El desarrollo histórico de los medios muestra diversas tendencias. Mientras que en los medios primarios el hombre como señal apenas modifica sus posibilidades naturales de expresión, hasta el punto de que la ecología actual compara su comportamiento semiótico con el del mundo animal, el hombre transforma los medios secundarios y terciarios en técnicas cada vez más refinadas para transportar sus mensajes a un espacio cada vez mayor y en un tiempo cada vez más corto.

La evolución de los medios parece haber seguido el principio de la disminución del gasto de señales. El mensajero fue sustituído por relés de señales acústicas y audiovisuales. Luego vino la telegrafía con hilo y sin hilo. En la información periodística, organizada como distribución, la radio sucedió a la prensa, y la TV a la radio. Ahora se habla de que correos va a erradicar la costumbre de recibir cartas, pues dotará al teléfono con telecopia, teletexto y videotexto, eliminando así al cartero, al mensajero.

Esta tendencia a disminuir el gasto psíquico tiene su propia economía, resultante de los capitales invertidos en los aparatos necesarios y de la necesaria innovación en el trabajo de la empresa. Los gastos económicos, políticos y sociales de los instrumentos que transmiten señales, informaciones, son enormes, y no están al alcance de cualquiera. La cuestión está en saber si guardan relación con las informaciones transportadas. Tal vez valga la pena reflexionar hasta qué punto este desarrollo altera el significado de las informaciones transportadas, si el significado varía cuando se reduce el gasto de señales.

Ante el nivel de desarrollo económico y técnico alcanzado se plantea la necesidad de una **ecología de los medios**. Ecología que es tanto más urgente cuanto que los nuevos sistemas electrónicos de distribución plantean la cuestión de si debe hacerse todo lo que técnicamente parece realizable.

Modalidades informativas de los medios

Cada medio, tiene, no sólo su forma específica de informar, sino su manera peculiar de satisfacer las necesidades informativas. Se dice que la televisión muestra, la radio anuncia y la prensa explica. Es cierto que aún se está lejos de ese equilibrio ecológico de los medios propugnado por el profesor H. Pross. Pero, como es sabido, el hombre sólo se plantea las tareas que puede resolver. Aunque el uso actual que se hace de los medios no sea todo lo satisfactorio que fuera de desear, la posibilidad de una complementariedad equilibrada se acerca cada vez más a la realidad. La televisión no tiene por qué alejar de la lectura, de la visita a los museos o al teatro, ni la radio tiene por qué evitar que la gente vaya más a los conciertos. Ambos medios se pueden utilizar, como se hace en otros sitios, para fomentar esas actividades e incitar a los telespectadores y radioyentes a leer más y a participar de manera más activa en otras manifestaciones culturales. El público está acostumbrado, por ejemplo, a que la prensa castigue mucho a la TV, de lo que se espera, naturalmente, una mejor información televisiva. Pero la TV también podría criticar a la prensa, cosa que no hace en absoluto, contribuyendo así a una prensa mejor. La TV, contemplada por la inmensa mayoría de la población, goza de excelentes posibilidades para explicar algo de lo que ocurre en la prensa, sus procesos, relaciones de propiedad, concentración, fallos, etc. Si los intereses comerciales de la prensa privada conllevan ciertas limitaciones, la radio y televisión pública carecen de ellas. Sin embargo, no aprovechan sus posibilidades.

Existen diferencias muy claras entre los distintos tipos de medios de información, cada uno de los cuales tiene sus características específicas y ventajas e inconvenientes en relación con los demás. La radio, y la televisión, por ejemplo, pueden informar directamente desde el lugar de los acontecimientos. Pero los periódicos, revistas y libros son más globalizadores y tienen mayor capacidad de análisis y comentario de los acontecimientos. El problema no radica en sustituir un medio de información por otro, sino en definir claramente el lugar que cada uno de ellos ocupa dentro del sistema de información de manera que se tomen en cuenta las características de cada uno, así como estudiar y utilizar mejor sus posibilidades. Para ello se requiere la coordinación y complementación de unos medios con otros. Su información conjunta y complementaria permitiría a los ciudadanos aprender a ver y comprender los complejos fenómenos y procesos de la vida social.

Se dice, e incluso se afirma, que muy pronto desaparecerá el libro, y los periódicos, la lectura. El autor de estas líneas, en cambio, aún no ha visto razones suficientes que justifiquen esa desaparición. La prensa puede desempeñar un papel más activo en la ampliación de conciencia. A diferencia de los otros medios, el periódico ofrece todo un conjunto de contenidos y géneros diversos. El lector puede consultarlo en cualquier lugar y a cualquier hora. Es la fuente de información más fidedigna que circula entre los individuos a la hora de sustentar opiniones. Reduce a un mínimo las distorsiones y tergiversaciones que pueden producirse con la información acústica. Como han demostrado los estudios realizados al respecto, a las dos horas de haber oído la radio, tan sólo la mitad de las personas pueden reproducir lo escuchado. Las pérdidas llegan al 60 y al 70% cuando se trata de nombres y fechas. Las interferencias y ruidos debidos a causas técnicas también son frecuentes. La palabra impresa apenas sufre esa pérdida de información. Sin necesidad de comprarse una fotocopiadora, que sería el equivalente del magnetófono o del video para la radio o la TV, el lector de prensa puede volver una y otra vez a lo que le interesa o recordarlo y archivarlo sin ningún coste adicional, cosa que hacen muchos lectores.

Por otro lado, cada periódico, revista, libro, programa de radio o de televisión debiera tener un grupo concreto de receptores, sus propios lectores, radioyentes y telespectadores. Únicamente cuando se tiene en cuenta esta circunstancia puede asegurarse la eficacia de los medios de información. La información debe estar relacionada siempre con los intereses y preocupaciones de sus consumidores y usuarios, y no sólo con las de sus productores. De ahí la importancia de los temas locales. Los acontecimientos locales, la información más próxima, es el prisma donde se refracta la información social general antes de que se consolide en forma de valores, necesidades y normas específicas en la conciencia y en el comportamiento de los individuos. Pero, por otro lado, tampoco debe acentuarse demasiado lo local, ya que podría contribuir a la creación de actitudes negativas, chauvinistas.

Los medios de información de masas, constituyen, por su influencia, un poderoso instrumento para crear estereotipos y símbolos sociales que limitan el conocimiento y coartan el libre desarrollo del hombre. Y, aunque con sus propias características, esto se hace tanto bajo el capitalismo como bajo el socialismo. Habría que desentrañar, por tanto, la índole de esos símbolos y sacar a la luz la concreción individual de cada hecho y de cada persona. Pero esto lleva a las cuestiones del contenido y la forma, que se discuten más abajo.

Otro de los aspectos negativos de la información de los medios de masas es que apenas permiten respuesta por parte de los receptores, lo que se llama *feedback*, a diferencia del intercambio informativo interpersonal. En la relación directa entre informador e informado, el primero puede ver el efecto de una conferencia, charla o conversación y ajustar y corregir inmediatamente su información a fin de que se asimile mejor. Los intercambios personales de información constituyen, como es sabido, el complemento de la información mediada y una de las principales fuentes para la formación de una opinión. De ahí que si los medios audiovisuales se utilizan como compañía del solitario o como un modo de escapar a la comunicación interpersonal,[16] si el trato con los medios reduce el trato con la gente, habrá que buscar o recuperar entonces los medios que permitan la participación, el contacto humano. El desarrollo de la técnica no ha erradicado los medios primarios, la necesidad del trato personal, sino precisamente evidenciado su plena vigencia.

En suma, el estudio de la especialización periodística deberá consistir precisamente en analizar las modalidades informativas específicas de cada medio para descubrir sus posibilidades de complementación, de mutuo enriquecimiento y mejor aprovechamiento. De este modo se caminaría hacia ese desarrollo equilibrado, armónico, tanto de la producción y la oferta como del consumo y de la demanda. Lo que en última instancia se traduciría en una elevación armónica del nivel de conocimiento y de conciencia del hombre, único objetivo digno de cualquier dedicación científica.

16. Cfr. Martín Serrano, *El uso de la comunicación social por los españoles* (Madrid: CIS, 1982).

12. Tiempo libre y medios de masas

Observación previa. Si se hace abstracción de la radio en ciertas circunstancias laborales, los llamados "medios de masas" sólo pueden utilizarse, por regla general, durante el tiempo libre. De ahí la pertinencia de analizar la relación existente entre unos y otros.

El objeto de este capítulo es hacer una aproximación teórica al tema, si bien, y en la medida de lo posible, se apoya en datos empíricos y análisis teóricos realizados desde y para España. Además, debido al estado incipiente de la investigación en este terreno, el trabajo se plantea en el plano del deber ser.

En todo lo que sigue se considera a España como un país industrial relativamente avanzado, con una organización capitalista de las relaciones de producción y de cambio, o, si se prefiere, con una economía de mercado, con un sistema político de democracia formal y dentro de un área cultural más amplia que se conoce generalmente como Europa y que en realidad suele reducirse a la parte occidental de este continente.

El planteamiento teórico del análisis y su consecuencia directa, el nivel general y abstracto del tipo de argumentación, evita introducir la variante región/nacionalidad, de enorme importancia en España e indispensable para dar soluciones concretas a la organización del tiempo libre y al empleo de los medios de comunicación relacionados con él, dado el enraizamiento de las partes culturales (en el sentido antropológico de cultura).

Tiempo libre. Definición y características

Desde una perspectiva tradicional, muy arraigada en la conciencia de las masas, se considera **tiempo libre** el que queda a diario después de descontar la jornada de trabajo (dentro de la cual debe incluirse el tiempo de desplazamiento domicilio-trabajo-domicilio, que en Madrid puede llegar a sobrepasar las dos horas diarias) y el tiempo dedicado al descanso, restauración de fuerzas y reproducción social, o tiempo de mantenimiento (que incluye el dormir, comer, aseo personal, cuidado de los niños y de otros parientes). En conjunto, los españoles disponen de cuatro horas libres para el asueto y para el desarrollo de la personalidad.[1]

A este planteamiento tradicional, en esencia válido como primera aproximación, aunque total y absolutamente insuficiente, habría que hacerle una primera matización. La cantidad de tiempo libre no es igual para todos, es una función de la clase social. Ahora bien, esta variación de disponibilidades no es un problema estrictamente cuantitativo, sino que también interviene en calidad y forma de empleo, que guardan también una relación directa con los ingresos y el nivel de educación, que es a su vez función de esos ingresos. Por lo tanto, estos aspectos cualitativos están, asimismo, estrechamente relacionados con la clase social de pertenencia.

Ahora bien, la matización clasista indicada no es suficiente. Hay que ir más lejos, hasta poner en cuestión la propia definición y preguntarse si existe realmente tiempo libre, pensando, no en una u otra minoría (élites económicas y/o culturales), sino en la mayoría de la población.

Desde luego, aceptando la definición tradicional es más que evidente que el tiempo libre existe para todos, si bien con mayor o menor extensión y cubierto de forma diferente. Pero si se parte de una concepción más restringida y, a nuestro juicio, más lógica, que vea en el tiempo libre aquél que está bajo nuestro control (es decir, tiempo propio, organizado por nosotros mismos), por oposición al tiempo de trabajo (organizado por el empesario, privado o estatal), al tiempo de mantenimiento, indispensable para poder cubrir el anterior y que, dentro de ciertos límites, no puede ser modificado, y a la parte de tiempo de ocio que forma parte de la definición dada de tiempo libre y que es organizada y manipulada por otros, sin apenas posibilidades reales de participación, entonces resulta absolutamente legítimo preguntarse si existe realmente tiempo libre (al menos para una gran parte de los miembros de la sociedad).

La tesis que aquí se mantiene es que el tiempo libre, concebido como tiempo propio y no de otros (organizado, preparado y realizado por otros) es mínimo, o prácticamente inexistente para la inmensa mayoría. A partir de esta tesis puede hacerse una reflexión, aunque sea de pasada, sobre las características fundamentales que afectan a la utilización del ocio en una sociedad como la española actual.

Se da, como elemento sustancial, una radical separación entre tiempo de trabajo y tiempo libre. Esto lleva a una dicotomía que, al plantear la cuestión en términos de opuestos no conciliables y no en términos de polos de una realidad única en tensión dialéctica, es aberrante y limitativa. Las actividades del ser humano, múltiples en un ente que no tiene que ser reducido a la unidimensionalidad, no aparecen en forma complementaria y dirigida al desarrollo má-

1. Cfr. la encuesta "El empleo del tiempo", en *Mensajes y medios*, núm. 2, enero 1978, página 69.

ximo y equilibrado de sus capacidades (de ocio y de trabajo, ambos creadores), sino como contrapuestas, cerradas y en absoluto relacionadas.

A su vez, esa situación empuja, lógicamente, a una escisión **dentro** del propio individuo, dibujándose en su interior unas pautas culturales para el trabajo y otras, completamente diferentes, para el ocio. Pues bien, si el fin último de una sociedad es el hombre (y dentro del sistema de valores europeo-occidental, ese fin último lo persiguen, aunque sólo sea de forma retórica, todos los enfoques político-ideológicos existentes), el desarrollo pleno y la realización (autorrealización) del mismo, deberá ser autónomo y equilibrado, y de ningún modo escindido.

Pero en realidad nos encontramos con que el tiempo libre se presenta como **liberación** (en teoría, claro está) del trabajo, mientras que, consecuentemente, el tiempo de trabajo se ve como **maldición** (incluso como maldición bíblica). Desde luego, esta concepción no va necesariamente implícita en cualquier tipo de trabajo sino en el trabajo alienado, en el cual el productor no es dueño del producto ni del tiempo en el que lo realiza, no lo organiza ni lo cubre de acuerdo con sus decisiones, no lo domina, sino que es dominado por otros, que son quienes lo organizan y se adueñan del producto. Esto es típico de una formación social en donde el trabajo se convierte para el hombre en una realidad sin fines, a no ser el de la supervivencia, el de la acumulación por el ahorro o el de generador de frustraciones y amarguras, de angustia individual y social.[2]

Ahora bien, la dicotomía que existe en la superficie se desvanece si consideramos que también el tiempo libre es un tiempo de otros, no propio, y, por lo tanto, un tiempo alienado. Desde nuestra perspectiva, sólo acabando con esa alienación será posible acabar con esa dicotomía a nivel social y a nivel interno del individuo, y comenzar a sentar las bases para la autorrealización plena —ni escindida ni alienada— del género humano.

En las condiciones actuales, el tiempo libre se presenta como un tiempo a cubrir de forma básicamente individual, hasta el punto de que su utilización «implica un reforzamiento de la ideología del individuo posesivo».[3] Por otro lado, se constata que la casa o el hogar es el principal espacio donde se realizan las actividades del ocio cotidiano.[4]

Surge aquí una nueva dicotomía en la relación-oposición entre los tiempos de ocio y de trabajo, dicotomía que se sobreimpone a la escisión ya señalada en las pautas de actividad dentro de cada uno. El trabajo-actividad alienado se lleva a cabo de forma colectiva, en cooperación, mientras que el tiempo libre es relegado al nivel individual, o del núcleo familiar, y se realiza teóricamente en libertad (aunque luego no ocurra así). A su vez, desde estas caracte-

2. Colectivo Espartaco, "Soledad incomunicación y tiempo libre en el capitalismo", en *Argumentos*, núm. 38, octubre 1980, pág. 30.

3. *Ibid.* pág. 33.

4. Vid. Miguel Roiz, "Sociología del tiempo libre y ocio de los trabajadores españoles", en *Documentación social*, núm. 39, abril-junio 1980, pág. 23.

rísticas, las actividades realizadas en los dos tiempos siguen sin aparecer como complementarias, siguen, en definitiva, mostrándose opuestas, escindiendo la personalidad.

El tiempo libre es también un tiempo de pasividad. No porque tenga necesariamente que serlo (lo ideal sería que no lo fuera, que se desarrollase en plena actividad), sino porque así ocurre en la realidad. La inmensa mayoría del tiempo libre se consume recibiendo mensajes de todo tipo sin participar de ningún modo en la elaboración de los mismos. Surge, por lo tanto, una tercera dicotomía entre tiempo de trabajo y tiempo libre. El primero es necesariamente activo, el segundo es, no necesaria, pero sí prácticamente pasivo, al menos para la inmensa mayoría de la población. Y si se piensa en el posible desarrollo de la personalidad, este carácter pasivo es un fortísimo freno a la misma.

Muy estrechamente relacionado con esa pasividad, con ese rasgo de receptividad y no participación que caracteriza el empleo del tiempo libre, está el hecho de que este último se nos presenta dentro de un mundo de objetos. El individuo pasivo (aislado, no en colectividad) trata con cosas, no se enriquece a través de relaciones interpersonales. Esta circunstancia muestra un nuevo aspecto aberrante y limitativo en la actual estructura del tiempo de ocio. El hombre es, ante todo, un ser en sociedad, no un individuo aislado entre objetos. Por otro lado, las relaciones interpersonales, que son las que se darían en una utilización colectiva del tiempo libre, suponen un impulso a la realización y autorrealización de la personalidad, en tanto en cuanto transmiten acción y experiencia del género humano, mientras que el mundo de los objetos tiende a fijar el desarrollo a un nivel determinado. Este tiempo de alienación, limitador de la persona, ya lo señaló Marx al hablar del fetichismo de la mercancía.

Finalmente hay que recordar que, en una sociedad como la actual, ese tiempo, que es un tiempo esencialmente de otros, está en lo fundamental manipulado, y todas las características indicadas se dirigen a reforzar la manipulación. Aunque habría que precisar que la manipulación no se da exclusivamente en el acto de producción, sino también en la distribución, o, por decirlo con un ejemplo, no basta con que la llamada industria de la cultura produzca "Dallas", es necesario que quienes controlan los canales de difusión programen "Dallas".

De todo lo anterior, y por oposición, resultaría que la alternativa al enfoque general del tiempo libre radicaría en que éste no estuviese manipulado, organizado y dirigido por otros. Habría que fomentar, por tanto, las relaciones interpersonales, que son las enriquecedoras, y rehuir las relaciones entre objetos, empobrecedoras y mutiladoras de la personalidad. El medio humano es algo más que los objetos que el hombre crea. El medio humano lo constituye primordialmente la sociedad, las relaciones de unos hombres con otros.

Uso de los medios de comunicación en el tiempo libre

Hablar de relaciones interpersonales equivale a hablar de relaciones comunicativas. El tiempo libre debería ser precisamente el de la comunicación dialógica, o lo que H. Pross llama "comunicación con contactos elementales". Es aquí, en la comunicación y trato con los demás, en el diálogo, en el conocimiento y reconocimiento del prójimo, donde se desarrolla en gran parte el estilo de vida de una persona.[5]

El desarrollo armónico de la personalidad exige también una **cantidad de tiempo libre socialmente necesario**, criterio que aún está por determinar.[6] Para ello, este tiempo libre debe ser tiempo de ocio propio, no alienado, tiempo activo, creador, ocupado principalmente en la adquisición, transmisión e intercambio de experiencias, en el disfrute de lo que gusta hacer y de lo que complementa el desarrollo social e individual. O sea, dicho en términos de Marx, tiempo que facilite el acceso al "reino de la libertad", sobre la base del dominio de la necesidad.

La realidad actual, sin embargo, es bien distinta. Según la última encuesta publicada por el Instituto Oficial de Radiodifusión y Televisión, el español medio ve 3 horas y 8 minutos diarios de televisión, es decir más de las 3/4 partes de su tiempo libre.[7] Otro estudio reciente confirma la tendencia a utilizar cada vez más los medios de comunicación en casa. Según este estudio, la proporción de españoles que tiene contacto con los medios en casa es la siguiente: el 86% para la televisión, el 65% para la radio, el 44% para la prensa diaria y las revistas, y el 13% para la prensa deportiva.[8]

Por otro lado, si se tiene en cuenta que el español dedica por término medio unos 7 minutos diarios a la lectura, que el 63% de los adultos españoles no ha leído nunca un libro, el 64% no va al cine, el 80% no ha visitado nunca un museo y el 92% no va al teatro, resulta que, prácticamente, la casi totalidad del tiempo libre de los españoles lo pasan sentados ante el televisor u oyendo la radio.[9] El empobrecimiento cultural que esto supone se evidencia por sí mismo. Lo que esta situación comunicativa pueda contribuir al desarrollo de las relaciones interpersonales, de la personalidad o de un estilo de vida enriquecedor y solidario, es bien poco. Para las personas que no tienen otras actividades de ocio, de entretenimiento o deportivas, que es la inmensa mayoría en el caso de España, este uso de los medios de masas cumple una función sustitutiva, pero no una función cultural.[10]

En la sociedad urbana y urbanizada, el hombre, mutilado de sus relaciones interpersonales y afectivas, recurre, por tanto, a los medios de masas, principalmente a los audiovisuales, buscando una satisfacción ilusoria a sus necesidades de información y esparcimiento. Habría que plantearse, pues, cuáles con las necesidades reales de información y comunicación de la población urbana, muy diferente a las de la población rural.

5. H. Pross, "Die freizeitrolle der Massenmedien", en *Neues Hochland*, Heft 4, Juli-August 1972, pág. 320.
6. V. Romano, "Ocio y comunicación de masas", en *Documentación social*, núm. 39, abril-junio 1980, pág. 76.
7. Vid. *Mensaje y medios*, núm. 9, cuarto trimestre 1981, págs. 97-108.
8. M. Martín Serrano, *El uso de la comunicación social por los españoles* (Madrid, 1982).
9. Para más detalle véase V. Romano, *op. cit.*
10. M. Martín Serrano, *op. cit.*

En esa situación de aislamiento y de fragmentación, los medios se utilizan como compañía y como sustituto de unas relaciones personales necesarias, pero inexistentes. La soledad es la que impone el consumo de medios de masas.

¿Cuántas de las frecuentes comidas fuera de casa o de las compras no son actos rutinarios para hablar con alguien? Pero, con los grandes almacenes, estas relaciones personales se reducen a un mínimo. Ya no es el tendero del barrio el que aconseja lo que hay que comprar, sino la televisión. Lo mismo ocurre con la educación de los hijos, la educación sexual, dónde pasar las vacaciones o qué hacer en el tiempo libre. Si se compara con la relación religiosa, especialmente la mística, en la que el hombre hablaba constantemente con Dios, pero sin que éste respondiera, la situación actual es justamente la inversa. Ahora es la televisión, el nuevo demiurgo, el que habla sin cesar al hombre sin que éste pueda responder, reducido a una postura meramente contemplativa.

Para la inmensa mayoría de la población, la televisión es el único pasto espiritual, el único consumo cultural, su única fuente de información. Pero, como han demostrado los numerosos estudios efectuados al respecto, el contenido de la televisión confunde más que aclara la mente de los receptores. La TV no incita a salir de la alienación y del aislamiento, no estimula el esfuerzo propio, la acción cultural individual.[11] La comunicación audiovisual es, primordialmente, entretenimiento pasivo, espectáculo no participativo, y como tal la conciben la mayoría de los telespectadores.

Por eso, si los medios de comunicación de masas desplazan el trato con la gente, reducen el contacto elemental humano, como dice H. Pross,[12] habrá que buscar medios alternativos que fomenten el diálogo y la participación, formas de empleo del tiempo libre que sean propias, creadoras.

Alternativas

En la sociedad actual, con todas sus limitaciones y aberraciones, podrían hacerse bastantes más cosas en el sentido de un empleo participativo y emancipador del tiempo libre y de los medios de comunicación. Así, por ejemplo, sería factible un mejor aprovechamiento de los espacios públicos y colectivos existentes para la utilización del tiempo libre, tanto en la infraestructura ya disponible como buscando nuevas utilizaciones. Las plataformas laborales (comités y secciones sindicales, los grupos de empresa, los propios sindicatos) y las plataformas municipales, serían, quizás, los vehículos e instrumentos más adecuados para hacer esto. De este modo, el consumo cultural perdería gradualmente su carácter de espectáculo, al que el consumidor asiste como espectador pasivo, para convertirse en participación activa, en un conjunto de ocupaciones de aficionados.

Hay que partir de la base de que el escaso desarrollo de algunos elementos

11. José M. Rodríguez Méndez, *Los teleadictos* (Barcelona, 1973) págs. 59-60.
12. H. Pross, *op. cit.*

del tiempo libre y la manifiesta desigualdad entre las distintas clases y grupos sociales pueden surgir de dos causas. En primer lugar, del bajo nivel cultural del ocio, del escaso desarrollo de los gustos, demandas y necesidades, así como de la incapacidad para organizar ese tiempo de ocio o de la infrautilización de las posibilidades existentes. De ahí la importancia de potenciar los vehículos ya disponibles. En segundo lugar, por la falta de condiciones objetivas necesarias para esa mejor utilización. Las raíces de estos problemas están en la esfera de la acción, en las condiciones reales de trabajo y de vida a propósito de las cuales ya se han hecho algunas reflexiones más arriba. Todos estos factores objetivos aparecen en la insuficiencia del tiempo libre, en la deficiente base material y técnica, en la escasez de recursos personales, en el mal funcionamiento de las instituciones encargadas de organizar el tiempo libre, etc. Y todo este tipo de cuestiones puede plantearse, solucionarse parcialmente, mejorarse ya en la sociedad actual.

Esto podría hacerse, como se ha indicado más arriba, principalmente a través de las plataformas laborales y municipales existentes, sobre las que quizás convenga detenerse un momento. Si de lo que se trata es de que se puedan llevar a cabo las actividades de ocio con la máxima participación, y no sólo a nivel de la utilización final, sino desde la misma preparación, es más que evidente que las plataformas más descentralizadas y más cercanas al conjunto de los ciudadanos, las que permiten una mayor democracia directa, son precisamente estas dos. Por otro lado, la existencia de ayuntamientos democráticos y de sindicatos obreros ha prestado una nueva dinámica a estas instituciones e impulsado enormemente este tipo de plataforma de organización y utilización de los espacios para el ocio y los tiempos libres. La proliferación de casas de la cultura y la potenciación de los grupos de empresa en aquellos sitios en que ha sido factible, es una prueba de ello. Si bien podría plantearse, y muy justamente, que hasta ahora apenas se ha pasado de gestionar mejor y extender a más gente las actividades que ya se llevaban a cabo, esto no es óbice para que no puedan esbozarse ya alternativas que no impliquen solamente una extensión cuantitativa, sino una variación cualitativa de la situación actual.

Porque, desde luego, no importa solamente la cantidad, sino también la calidad, el contenido del tiempo libre. De ahí que convenga examinar las utilizaciones del mismo desde el punto de vista del objeto de la actividad (**qué** se hace) y desde el punto de vista de su carácter (**cómo** se hace). Hay que saber también cómo se forman y desarrollan los gustos de los hombres. Esto llevaría necesariamente al proceso de la formación de la personalidad, tema que queda fuera de este trabajo, pero sobre el que conviene dar unas opiniones generales.

En este sentido cabe preguntarse qué es una actividad útil, eficaz. Se dice, incluso desde perspectivas socialistas, que aquella que establece las energías físicas y espirituales, amplía los horizontes intelectuales, etc., y, en última instancia, conduce al aumento de la productividad. Esta es la postura más generalizada en la sociología soviética y, por extensión, en la de los países socialistas del Este. Pero esto no basta, ya que el hombre no es sólo *homo faber*. Hay que plantearse el problema del carácter del trabajo y la creación de las condiciones necesarias para el desarrollo activo del hombre en las horas de ocio.

Hay que fomentar el desarrollo **multilateral** de la personalidad humana, como decía Marx.[13] Según este criterio, es útil cualquier actividad que contribuya a desarrollar las aptitudes beneficiosas, no antisociales, del hombre. En consecuencia, habría que fomentar aquellos elementos de empleo del tiempo libre que desarrollan las energías y la personalidad, y tender a la eliminación de los que las reducen.

El desarrollo multilateral y armónico de la personalidad exige emplear el tiempo de libre disposición con más de un elemento. Cuanto más variada es la actividad humana, tanto más rico es el tiempo para el ocio, tanto mayor su contenido. Así, por ejemplo, si se mira el empleo que los españoles hacen de su tiempo libre, el cuadro no puede ser más desolador. Como ya se ha señalado, de las cuatro horas diarias que, por término medio, disponen de tiempo libre, algo más de tres se las pasan ante el televisor. Ahora bien, como es sabido, la televisión aisla al individuo, lo fuerza a la adquisición pasiva de la cultura y del conocimiento, causa adición, disgrega la familia, desdibuja lo humano, mutila la sensorialidad, oscurece la mente, produce la pérdida de articulación, sirve para alimentar el subconsciente y favorece el control autocrático de la población.[14] Puede afirmarse, pues, que el uso casi exclusivo de este elemento del tiempo libre es un empobrecimiento espiritual y físico del hombre. De ahí que lo que pudiera perderse por no apretar el botón y obtener entretenimiento al instante, quedaría sobradamente compensado con el enriquecimiento que supone el redescubrimiento de otras facetas de la experiencia humana. El ideal socialista humanista excluye la industria del ocio con contenido deshumanizador, antisocial.

Un cambio en el empleo del tiempo pasa necesariamente por una definición de la cultura a partir de la práctica de las masas y de un nuevo concepto del hombre. Habría que crear una cultura cotidiana donde el ocio no fuese necesariamente alienante. Crear una nueva cultura significa ante todo liberar el potencial creador y organizativo de las masas, empezando por devolverles el habla, hacer que el pueblo sea el protagonista activo y no el consumidor pasivo. Aquí radica la principal contradicción entre masas y culturas. Si la cultura enriquecedora ha sido y es prerrogativa de una minoría de "conocedores", habría que «ampliar el círculo de conocedores», como dice Brecht.

La sociedad debe esforzarse por la educación y reeducación del individuo, por el desarrollo armónico de su personalidad, el cambio de sus gustos y necesidades. El individuo debe aprender a valorar y organizar su tiempo libre. Pues, la esfera del tiempo libre es tan importante como la del trabajo.

En última instancia, la oposición expuesta aquí a propósito del tiempo libre parte de la base de que «en las sociedades capitalistas avanzadas, todo lo que afecta a la vida cotidiana toma una importancia inesperada».[15] Esta postura se enmarca dentro del proceso de transformación de la sociedad y del individuo hacia otra más justa y más plena, hacia una sociedad «sin jerarquías, sin

13. Vid., por ejemplo, sus *Manuscritos de economía y filosofía.*
14. Cfr. Jerry Mander, 1977.
15. Colectivo Espartaco, *op. cit.* pág. 30.

opresión y sin explotación».[16] Dentro de ese proceso no vale, a nuestro juicio, buscar soluciones a los problemas que surgen en el tiempo de trabajo, por un lado, y a los que surgen en el tiempo de ocio, por otro, sino que hay que enfocar coherentemente la satisfacción de lo que Àgnes Heller ha denominado necesidades radicales. Para esta socióloga, «necesidades radicales son todas aquellas que nacen en la sociedad capitalista como consecuencia de la sociedad civil, pero que no pueden ser satisfechas dentro de los límites de la misma».[17]

Entre esas necesidades radicales estarían, aparte de las que se deriven del propio trabajo, un medio ambiente rural y urbano equilibrado, la participación en todos los órdenes, la no discriminación sexual, racial o ideológica, el acceso de todos y cada uno a la cultura y a la participación en la creación de la misma, el derecho a una información y comunicación diáfanas, la sexualidad liberada, la solución de los problemas surgidos de la edad (en jóvenes, niños y ancianos), etc., y desde luego, es una necesidad radical el que no exista «la dictadura sobre las necesidades y su manipulación».[18] Una gran parte de ellas afectan, o están directamente incluidas, en el tiempo libre. Su importancia radica en que semejante proceso de transformación debe incluir una auténtica revolución de la vida cotidiana y es precisamente en esta última esfera donde el tiempo de ocio posee un peso fundamental.

De todos modos convendría señalar dos limitaciones en torno a cómo deberían ser cubiertas las necesidades radicales.

En primer lugar, no abogamos por lo que ha dado en llamarse civilización del ocio. Muy al contrario. «La lucha contra el trabajo sólo puede tener un significado que podamos considerar legítimo: la lucha contra el trabajo asalariado, el fin de una situación en la que los hombres son obligados a desempeñar tareas en las que no consiguen expresar sus propias capacidades... El trabajo forma parte de la esencia humana y no es posible imaginar una sociedad sin trabajo...»[19]

En segundo lugar, tampoco propugnamos, y mucho menos de cara a las pautas culturales de empleo del tiempo libre y a la reorganización de la vida cotidiana, un cambio brusco e inmediato, que tendría efectos contraproducentes, sino un proceso gradual, en profundidad y a largo plazo.

Volvemos así al punto de partida, al tiempo de ocio, al tiempo que no es de trabajo, ni de mantenimiento y reproducción social, al tiempo que debería ser propio, o susceptible de ser propio. Es obvio que cuanto mayor es el desarrollo de la sociedad en términos cuantitativos, mayor es, también cuantitativamente, ese tiempo libre. Pero eso plantea una paradoja que se ha pretendido explicar a base de una serie de dicotomías, paradoja que obligatoriamente habrá de resolverse algún día. En palabras de Àgnes Heller: «Cuanto más se eleva nuestro nivel de vida, más se orienta nuestra orientación hacia el mundo.

16. Àgnes Heller, *Para cambiar la vida. Entrevista con Ferdinando Adonnato* (Barcelona, 1981), pág. 151.

17. *Ibid.* pág. 141.

18. *Ibid.* pág. 142.

19. *Ibid.* pág. 147.

No se puede considerar que este mundo es feliz, pero nosotros imaginamos el mundo futuro como aquél en el que la felicidad y la libertad estarán unidas, como un mundo que supere la trágica escisión del hombre moderno.»[20]

Para que el tiempo libre se convierta en el "reino de la libertad" y dado que los medios son también formadores de conciencia, los medios deben empezar por aclarar que el tiempo libre no es libre. En este sentido, suscribimos la tesis de H. Pross cuando afirma que «el futuro del tiempo libre con respecto a los medios de masas está en aprender y practicar el empleo libre de los signos y medios así como el dominio de sus sistemas».[21]

20. *Ibid.* pág. 175.
21. H. Pross, *op. cit.*, pág. 321.

13. La crisis del periodismo

Manifestaciones de la crisis

Durante la última década han proliferado los estudios y quejas sobre la crisis que afecta a la cultura y sociedad occidentales. Si la crisis se entiende como situación difícil y peligrosa, como superación de un estado de cosas y punto de transición a otro nuevo, parece que el mundo occidental atraviesa momentos realmente críticos.

A través de su historia, la humanidad ha sobrevivido a numerosas crisis, avanzando a medida que las superaba. Hasta ahora, las crisis han ido siempre acompañadas de una gran actividad informativa y comunicativa. Actualmente, en cambio, la crisis no sólo afecta a la economía, las instituciones, los valores, etc., sino también a la misma comunicación social y a sus medios, especialmente a la prensa, tanto periódica como no periódica.

Cada día se confirman la reducción de las tiradas, menores índices de lectura, cierres de periódicos y revistas, etc. Algunos agoreros, predicen incluso la desaparición de la prensa y su sustitución por la pantalla de TV o el cassette. La nueva tecnología y la industria de la cultura, en su afán por economizar señales y, al mismo tiempo, aumentar los beneficios, tiende a empobrecer en vez de enriquecer los conocimientos de las masas populares. Y las mismas masas parecen aplaudir su propia depauperación espiritual comprando y consumiendo los órganos de la prensa amarilla y del corazón.

Por lo que a la crisis de la prensa se refiere, el profesor alemán Walter Hagemann la anunciaba ya en 1957 en los términos siguientes:

«El lector efectuaba cambios, el periódico se convertía en gran empresa, el editor pasaba a ser el señor de la casa, el periodista se convertía en un asalariado más, lo banal desplazaba a lo importante, la imagen suplantaba al texto, la revista ilustraba a los diarios, el anuncio publicitario se enseñoreaba de los mejores espacios e imponía su ley, el periódico perdía la dirección de la opinión y la libertad de prensa empezaba a esgrimirse como un slogan reivindicativo.»[1]

La mayoría de estas manifestaciones se oyen con frecuencia veinticinco años después. Si esto es así, ¿qué se puede hacer?

Antes de entrar en el análisis propiamente dicho del tema, la crisis del periodismo y su relación con la crisis general de la sociedad, conviene fijar los conceptos de información, comunicación, medios, infraestructura, estructura, y supraestructura informativas y comunicativas, y ver cuáles son las principales funciones del periodismo actual. Esto permitirá apuntar algunas alternativas.

Tal vez parezca superfluo hacer esta aclaración. Pero, a nuestro juicio, son términos tan manoseados, tan traídos y llevados en la vida pública, que no siempre se entiende bien lo que significan o deben significar. No resultará, pues, inútil empezar por establecer claridad en las palabras.

De ahí que recapitulemos lo que se decía al principio. Por **información** se entiende aquí la transmisión de contenidos de conciencia de unos hombres o grupos de hombres a otros. Con la ayuda de signos, estos contenidos de conciencia se forman, transmiten, reciben, elaboran y/o almacenan en el proceso social de comunicación a fin de adquirir conocimientos, lograr el entendimiento entre las personas que participan en este proceso y, sobre todo, producir una determinada forma de comportamiento. El proceso de la génesis, transmisión, recepción y elaboración de esta información es lo que se denomina proceso de información.

La génesis, la existencia y el efecto de la información están estrechamente vinculados a la actividad social, práctica, creadora, de los hombres. Los procesos sociales de comunicación y de adquisición de conocimientos constituyen, en la praxis social de los hombres, dos aspectos diferentes de un sólo proceso: la regulación de la transformación social del entorno natural y social conforme a determinados objetivos y finalidades.

Esa transformación plantea tareas específicas a la capacidad informativa y organizativa de las masas populares. La efectividad de este tipo de acciones depende, en gran medida, de la información que se ponga a disposición de las masas. La satisfacción de esta necesidad implica la adquisición de conocimientos cada vez más amplios acerca de los complejos procesos sociales, técnicos, científicos e ideológicos. En estas circunstancias hay que aumentar las respectivas corrientes de información vinculadas a la adquisición y transmisión, cada vez más amplias, de conocimientos a fin de incrementar la efectividad, la conciencia y la organización de las masas populares. La información insuficiente de las masas no sólo se traduce en obstáculos y perturbaciones a la hora de resolver las tareas, sino también a la hora de desarrollar la iniciativa de las masas.

La información se entiende aquí, por tanto, en su sentido periodístico amplio, es decir, como transmisión de conocimientos y saber sobre hechos y esta-

1. Vid. W. Hagemann, *Dank die Presse ab?* (Munich, 1957).

dos de cosas (relaciones) a personas y grupos de personas. En el lenguaje más corriente se entiende, en sentido más estricto, como transmisión de hechos nuevos, innovadores. Esta transmisión está condicionada por los intereses de clase y persigue el objetivo de influir en el pensamiento, los sentimientos y la acción de los hombres.

La **comunicación** es el proceso y el resultado del intercambio de informaciones entre individuos, grupos u organizaciones sociales. A través de su actividad comunicativa, el hombre contribuye a crear, consolidar o modificar las relaciones y condiciones sociales. En última instancia, el objetivo de la comunicación social es la comprensión entre los hombres, grupos y organizaciones sociales a fin de influir conjuntamente en la naturaleza y garantizar su existencia y desarrollo físico y social.

Como resultado del intercambio de información, la comunicación expresa el entendimiento alcanzado por quienes participan en ella acerca de un objeto concreto con un objetivo determinado. La comunicación es un factor esencial del trabajo y de la cooperación, es decir, constituye uno de los presupuestos y condiciones de la existencia social del hombre. Al mismo tiempo, es un factor esencial de todos los procesos inherentes al conocimiento de la sociedad. Solamente a través de la comunicación es posible el reflejo adecuado de la realidad en la conciencia de los individuos, el intercambio de contenidos subjetivos de conciencia, su verificación social y, por consiguiente, su aplicación en la praxis social. Como factor esencial de la división y cooperación social del trabajo y del conocimiento social, la comunicación es, por tanto, un elemento constitutivo de la praxis y de las relaciones sociales.

Por **medios** se entienden los canales, o sea, los portadores naturales y técnicos de los signos comunicacionales y sistemas de los mismos. El canal ocupa una posición intermedia entre emisor y receptor. De ahí el nombre de medio o medios de comunicación, que van desde la voz humana, hasta la prensa, la radiodifusión, el film, etc. En la producción de masas, la producción de mensajes se hace siempre en grandes, complejos y costosos colectivos de trabajo y el producto final es, por consiguiente, colectivo y no individual. Sin embargo, esa producción colectiva no suele ser producción para la colectividad, la cual no ve reflejada en ella sus aspiraciones ni intereses.

Infraestructura

La organización del proceso de producción en la comunicación social estriba en la configuración de la división del trabajo, la cooperación y la comunicación en una institución (medio). La actividad creadora de todos los emisores (periodistas) bajo estas condiciones es un requisito necesario para determinar y realizar racionalmente el trabajo periodístico.

Por otro lado, puede constatarse a nivel mundial un cambio acelerado de la división del trabajo. Sus consecuencias son la aparición de nuevas condiciones de trabajo y, especialmente, los consiguientes problemas sociales de adaptación. En las sociedades industriales occidentales se constata, asimismo, la tendencia a la expansión en el sector de prestación de servicios más que en la producción y distribución de mercancías.

El desarrollo de la electrónica, por su parte, ha introducido cambios notables. Con la transformación de la linotipia en fotocomposición y su consiguiente vinculación electrónica existe en teoría, como dice el profesor H. Pross, la posibilidad de eliminar por completo la intervención de la redacción y componer directamente el periódico en la agencia. Progreso técnico, éste, contra el que los políticos podrían objetar algo y los periodistas todo.

Según H. Pross, esta consecuencia no se deriva, sin embargo, del desarrollo técnico, sino que responde más bien al principio de reducción del gasto. A medida que avanza el almacenamiento de datos y la conexión de las empresas particulares a la central de datos, a lo que ya recurre el propio redactor, puede preverse cuándo no entrará ya en los cálculos patronales recurrir a un sujeto costoso que, además, puede ser recalcitrante, crítico, conflictivo. Y, asimismo, siguiendo la economía y no la ecología de señales, puede preverse cuándo debe ser sustituido por una computadora programada de antemano.

Pero, por ominosas que parezcan estas tendencias, el futuro puede ser también esperanzador. El objetivo no estriba en obstaculizar las nuevas tecnologías, como hacían los obreros fabriles en los albores de la era industrial. De lo que se trata es de emplearlas de acuerdo con los valores sociopolíticos y los intereses de las masas populares y trabajadoras.

Los clamores sobre la crisis actual de la prensa se basan sobre todo en la reducción de las tiradas, en la desaparición de algunos órganos, en la concentración cada vez mayor, en el creciente desempleo de periodistas, en los recortes a la libertad de expresión, etc. Si se contempla la situación de los medios en España, por ejemplo, hay razones más que suficientes para justificar el pesimismo.

Para comprender mejor el alcance de la crisis actual de la prensa y de la comunicación social en general conviene tener en cuenta algunos datos y hechos básicos de la infraestructura comunicativa, es decir, implantación de los medios, niveles de lectura, concentración, consumo, etc.

El índice de lectura de los españoles es el siguiente:

1. Lee libros	%
Todos los días	18,2
Casi todos los días	11,2
Un día a la semana	7,0
Casi nunca	30,3
Nunca	33,3

2. Acude a bibliotecas	
Más de tres veces al mes	2,6
De una a tres veces al mes	2,5
Menos de una vez al mes	2,4
Casi nunca	0,8
Nunca	91,7

3. Poseen en su hogar	
Más de 500 libros	4,3
de 101 a 500	12,3
de 26 a 100	24,4
menos de 6	15,6
Niguno	21.8

Fuente: Ministerio de Cultura, *Demanda cultural en España*, Madrid 1978.

Si se toma en cuenta el promedio de tiempo que los españoles dedican a los principales medios de comunicación resulta el cuadro siguiente:

	Varones activos con más de 30 años	**Mujeres activas** con más de 30 años
Leen, libros	10' diarios	4' diarios
Leen prensa	11' diarios	2' diarios
Oyen la radio	42' diarios	1 h 19'
Ven la TV	3 h 17'	3 h 5'

Fuente: *Mensaje y medios*, núm. 2, enero 1978.

Resumiendo el cuadro cultural que ofrece la mencionada encuesta del Ministerio de Cultura resulta que el 63% de los adultos españoles de hoy no ha leído nunca un libro; en un 22% de nuestros hogares no hay un sólo libro; el 80% de nuestros ciudadanos nunca ha visitado un museo; el 90% nunca ha ido al teatro; la asistencia a conciertos ni siquiera se menciona.

Por lo que respecta a la situación de la prensa diaria, el español es, junto con el turco, el pueblo europeo que menos periódicos lee. En 1980, los 36 millones de españoles se reparten 2 432 638 ejemplares, lo que da una media de 67,8 ejemplares por cada 1000 habitantes. La tirada media es prácticamente la misma que en 1900, cuando sólo había 18 594 405 habitantes, y, además, un 65% de ellos eran analfabeltos. Por otro lado, las tiradas de los diarios españoles están muy lejos de las tiradas millonarias de los grandes diarios europeos. He aquí los 8 diarios españoles de mayor tirada.

Título	**Difusión media**
La Vanguardia	186.173
As	148.016
El País	146.310
ABC (Madrid)	123.492
Ya	122.099
Marca	89.721
Pueblo	87.875
El Correo Español	81.680

Fuente: *El País*, 2 marzo 1980.

Por lo que a revistas se refiere, estos son los ocho títulos que más leen los españoles:

Título	Tirada	Difusión media
Teleprograma	923 765	859 974
Pronto	923 296	830 860
Interviu	—	593 418*
Lecturas	609 664	489 479
Hola	497 324	400 540
Diez Minutos	472 342	394 323
Semana	449 851	363 102
Lib	341 782	280 146

Fuente: OJD noviembre 1979; *OJD diciembre 1979.

Finalmente, en cuanto al equipamiento de aparatos de televisión y de radio, parece que España ha alcanzado ya el punto de saturación. El 93% de los españoles que viven en poblaciones con más de 50 familias declaran poseer televisor, mientras que el 85,9% tienen aparato de radio. El 81% de los españoles ve diariamente el primer programa de TV. Para un 65% de ellos, el telediario es la única fuente de información. El UHF, el segundo canal, sólo lo ven el 2% de los españoles, mientras que la audiencia de Radio Nacional se sitúa en el 10%.[2]

Las cifras anteriores revelan, por sí solas, la miseria cultural de los sectores mayoritarios de la población española. Si se tiene en cuenta el escaso tiempo dedicado a la lectura de libros y de prensa diaria, a la asistencia a teatros, museos y conciertos, resulta que la casi totalidad del tiempo libre de los españoles lo llenan la TV, la radio y las revistas de programación y entretenimientos.

Sin embargo, a la hora de analizar el contendio de estas actividades, no sólo interesa la cantidad, sino también la calidad. El elemento abstracto "lectura" o "escuchar la radio" puede concretarse en una novela de Alejo Carpentier o de Corín Tellado, en oír un concierto de Vivaldi o los fragmentos publicitarios de los "40 principales". Por otro lado, no sólo es interesante saber lo que se lee, se oye o se ve, sino también cómo se hace todo esto. No es lo mismo consumir pasivamente los productos culturales, artísticos y comunicacionales, que participar activamente en el arte de aficionados y en la comunicación.

Estructura: La concentración y sus consecuencias

La concentración de la producción es un fenómeno en virtud del cual una parte cada vez mayor de los medios de producción, de la fuerza de trabajo y de la elaboración de mercancías se centra en grandes empresas. La concentración de

2. Véase, *Mensaje y medios*, núm. 3, abril 1978.

la producción comunicacional discurre paralela al resto de la concentración industrial, mercantil y financiera.

Así, a comienzos de los años 70, casi la mitad de los medios de comunicación de masas del mundo occidental estaba concentrada en 50 grandes monopolios de prensa, radio y TV. La concentración de producción de libros, discos, cassettes y películas es todavía mayor, si cabe. El mercado mundial de noticias se lo reparten, prácticamente, 5 agencias: AP, UPI, Reuter, AFP, TASS. Esta progresiva concentración de emisores incide de forma más o menos directa en todo el sistema comunicativo de masas y determina en gran medida el proceso de comunicación social.

En términos generales se distinguen tres tipos de concentración:

a) La horizontal: concentración de empresas del mismo nivel de producción (periódicos, editoriales, cadenas de radio y de TV).

b) La vertical: concentración de empresas que combinan las materias primas (madera, papel) y productos acabados (periódicos, revistas, libros).

c) La diagonal: combinaciones de distintas ramas de la industria. Este tipo de concentración ha avanzado mucho en los últimos años.

Aunque son los factores económicos los que condicionan la concentración y centralización de la producción comunicacional, hay que tener en cuenta que este proceso tiene sus características específicas y no se puede equiparar, sin más, a la concentración llevada a cabo en el resto de la industria. La especificidad del proceso de concentración de la prensa, por ejemplo, estriba en que no sólo contribuye al enriquecimiento y al aumento de poder de individuos y clanes familaires, sino también al mantenimiento de todo el sistema. La disminución del número de publicaciones facilita considerablemente el control ideológico. Por tanto, la concentración implica una limitación de la diversidad de opinión, del pluralismo ideológico. Lo decisivo no es el número de publicaciones, sino la diversidad de las opiniones.

Por otro lado, las condiciones de producción de la industria de mensajes son comparables a las de otras ramas industriales. Las exigencias del precio de coste y de la estandarización tienen una aplicación específica cuando se trata de productos comunicacionales. Los medios de masas también producen en serie, aunque la prensa diaria, la radio y TV cambien de modelo cada día.

Los productos comunicacionales están sometidos a las leyes del desgaste, cuyo ritmo es aquí muy rápido. Esta renovación tan rápida exige una estandarización del producto y de la creación en sí misma.En la producción de mensajes, la estandarización se da en los elementos que los componen, los signos, lenguajes, funciones gramaticales, figuras retóricas... En la comunicación de masas, la estandarización va más lejos aún que las lenguas o los sistemas de signos, se extiende a los personajes y a la función estandarizada de los roles. Como dice O. Burgelin, la cultura de masas es una cultura estandarizada.[3]

3. Vid. O. Burgelin, *La comunicación de masas* (Barcelona, 1975), especialmente el capítulo 1.

Esta obligada "economía de señales" es el verdadero motor de la concentración. La linotipia tradicional está siendo desbancada por la fotocomposición que, con la ayuda del procesamiento electrónico de datos permite componer de una manera más racional y aumentar la productividad. Se liberan así fuerzas de trabajo que resultan superfluas y desaparecen de la competencia las pequeñas empresas que no consiguen el necesario capital de innovación.

La concentración y el ahorro de señales se ha traducido en un aumento considerable de la "prensa amarilla", es decir, de un periodismo de titulares, que vende un mínimo de discurso lingüístico con un máximo de presentación visual.

Como dice Harry Pross, este tipo de periodismo responde a la "memoria icónica", llamada también "very short term memory" o "memoria ultracorta". Se almacena la forma, pero no se efectúa la elaboración verbal y conceptual, sino que sólo se insinúa textualmente... Sólo se elaboran los estímulos fuertes, los demás quedan indiferenciados, no se retienen. Sólo se recuerda lo que se fija más a menudo y por más tiempo. Colocación y repetición, que en toda la prensa deciden los procesos cognitivos, dominan el discurso en la prensa gráfica, lo mismo que en la oferta breve de la TV.

En relación con el principio técnico de la reducción del gasto de señales, esto significa que solo cuentan las imágenes y textos "correctamente" colocados según el comportamiento visual. Lo demás es secundario... Esto lo sabe la publicidad desde hace tiempo y por eso ocupa los lugares preferidos con anuncios, los cuales constituyen la base financiera de la prensa periódica, de manera que los textos redaccionales llenan las posiciones más desfavorables, o sea que toda la parte redaccional se convierte en soporte de la publicidad.

El aumento de la prensa amarilla se conforma, sin embargo, a la economía de señales. El papel que en la teoría democrática le corresponde a la prensa para continuar la lucha de opiniones es incidental en el *lay-out* escrito. Si se considera la libertad de prensa como elemento constitutivo del orden básico, resulta que todo lo que la prensa sensacionalista informa a través de la imagen y del texto sobre los usos de la lucha política y sobre las medidas tomadas por los representantes políticos aparece incidentalmente como atracciones de la publicidad comercial. En esta parte de la prensa, la democracia sufre una pérdida diaria de significado por el tipo de configuración visual. Así, pues, su aumento de tiradas no es indicio de ningún tipo de participación social, sino más bien del contacto visual aleatorio con el ritual de la información diaria, donde más fugazmente se celebra.

La concentración de los medios de producción y la "economía de señales" se ha traducido, a nivel práctico, en el progresivo cierre de órganos de expresión y en el consiguiente desempleo de los profesionales de la comunicación, es decir, en lo que se viene llamando "crisis de la prensa". Pero estos fenómenos no afectan solamente a los periodistas, sino también a los lectores y al proceso de formación de la opinión pública. Los medios de "comunicación de masas" surgen precisamente ante la falta de una verdadera comunicación de las masas, ante la separación entre productores y medios de producción. En realidad, la opinión pública no es más que la opinión publicada de un reducido grupo de personas, la de los 6 bancos y las 30 familias que en España, por ejemplo, controlan los medios.

No existe todavía un estudio comparativo en los países europeos. Sabemos, sin embargo, que las medidas estatales emprendidas por algunos de los principales países europeos para contrarrestarla han fracasado. Sabemos, igualmente, que la competencia no se centra tanto al nivel de los procesos tradicionales de producción como al nivel de los mercados. Pero si la libertad de prensa se entiende como libertad de industria periodística, podemos preguntarnos entonces si esta libertad no corre peligro como consecuencia de la concentración al restringir la libertad de opinión. Cabría preguntarse, por consiguiente, si no debiera abandonarse el concepto de libertad empresarial para abrir paso a la consideración cualitativa de la información y opinión en la prensa y al estudio de las necesidades sociales de individualización y comunicación en vez de la información (o desinformación) unilateral de las masas.

Supraestructura: Función del periodismo

Por su esencia, la comunicación de masas, es un proceso social de comprensión. En este proceso, los emisores, en cuanto representantes ideológicos de una clase, partido o grupo determinado, establecen relaciones sociales ideales con el mayor número posible de receptores a través de los medios de masas. El objetivo de estas relaciones es crear en los receptores las formas de pensamiento y conducta que sirven para imponer los intereses de las fuerzas que motivan la comunicación de masas. Dentro de una formación social, el periodismo desempeña la función ideológica de estabilizar o subvertir el correspondiente sistema social.

La vinculación de clase del periodismo se revela en estos tres componentes principales:

1) El emisor es miembro de una clase o aparece como exponente ideológico suyo.

2) Los medios de masas son propiedad de clases o fuerzas de clase determinadas que, en consecuencia, disponen de los medios técnicos y deciden su contenido social.

3) El periodismo se dirige a personas de ciertas capas y grupos para alcanzar determinadas formas sociales de comportamiento en el sentido del emisor.

El proceso de información crea la comprensión necesaria para el desarrollo social. La comprensión se entiende como el acuerdo ideal sobre los objetivos y condiciones del comportamiento y la acción sociales. En este sentido, la comprensión se define como supuesto necesario de la cooperación entre individuos y grupos para la producción y reproducción de la vida material de la coexistencia social. Así, pues, la comprensión es el contenido de la comunicación social y la cooperación su objetivo, como dice L. Bisky.[4]

4. Véase Lothar Bisky, *Crítica de la teoría burguesa de la comunicación de masas* (Madrid: Ediciones de la Torre, 1982).

El contenido de la comunicación social adquiere así una importancia capital, sobre todo al relacionarlo con la cooperación concreta. El contenido es importante por dos razones:

1) Por la calidad del reflejo de la realidad objetiva.

2) Por su función en la acción de los comunicantes.

El reflejo deformado de la realidad objetiva tiene consecuencias negativas para la acción.

La comunicación social tiene carácter social porque la conciencia y el pensamiento, el lenguaje y la significación son productos sociales. Por otro lado, también tiene carácter social porque los comunicantes son individuos, grupos o clases socialmente determinados.

De ahí que los procesos comunicativos deban concebirse como procesos sociales. Resulta así que la comunicación es un componente inseparable de la praxis social. Por praxis se entiende aquí el "proceso global", históricamente desarrollado, de transformación de la realidad objetiva por los hombres, proceso que se realiza necesariamente a través de la actividad humana material, dirigida por la conciencia".[5]

En las definiciones al uso del periodismo, lo característico es que casi todas ellas ignoran las relaciones de clase y se limitan a la enumeración de los aspectos formales (técnicos). Al ver en la comunicación el origen de la sociedad humana y al elevar la comunicación, en lugar de la actividad material del hombre para la obtención de sus medios de existencia, a proceso esencial de la vida, los teóricos pretenden justificar su afirmación diciendo que el periodismo es indiferente a las clases. Partiendo de esta tesis, afirman también que son indiferentes a las clases los canales de comunicación, como la prensa, la radio o la televisión.

Los **medios de masas** son el nombre genérico que se les da a las instituciones de la supraestructura de la sociedad que sirven para la difusión de la ideología de la clase dominante mediante la transmisión pública, continuada (periódica), de informaciones sociales o periodísticas a millones de personas. Como propiedad e instrumentos de determinadas clases llevan carácter de clase. Este carácter se manifiesta sobre todo en el hecho de que la clase que posee los medios de producción periodística determina también su contenido ideológico.

Los medios de masas se encuentran casi exclusivamente en manos de grandes monopolios o bajo la influencia de los partidos dominantes y difunde, de forma directa o indirecta, sus objetivos, principios y programas. Bajo la apariencia de la objetividad, la diversidad, la independencia y la imparcialidad, los medios de masas se centralizan y concentran para la manipulación ideológica de las masas populares y asegurar así el dominio de la clase dominante. De este modo, los medios de masas desempeñan una función importante en la reproducción del sistema.

5. D. Wittich, *Über begenstad und Methoden der marxistisch-leninistischen Erkenntnistheorie* (Berlín, 1973), pág. 54.

Como es sabido, los grandes diarios y revistas de masas son indiferentes ante amplios campos de información. Lo que este tipo de prensa ofrece es, en gran parte, entretenimiento sobre el entretenimiento, o peor aún, sobre la vida privada de los entretenedores (artistas, presentadores, deportistas, etc.).La información y orientación política, los conocimientos sobre la realidad, brillan por su ausencia. El mundo del trabajo, los grandes temas sociales, les es totalmente ajeno. Se divulgan los chismorreos de supuesto "interés humano" con el fin evidente de que los lectores y lectoras de esta prensa se identifiquen ilusoriamente con las actividades de este sector de la población.

También es característico de este tipo de prensa el predominio absoluto de la imagen sobre el texto, como se indicaba más arriba. Sus posibilidades cognoscitivas se reducen a: 1) interiorizar los roles de los sexos, principalmente el tradicional de la mujer; 2) a las crisis personales de los prominentes, sobre todo los de la industria del entretenimiento y los miembros de la "high society" en sus momentos de ocio y diversión. Se exhibe de forma escandalosa un ocio y unas formas de vida que son totalmente ajenos a las mujeres y hombres consumidores de estos medios de comunicación. Y, al mismo tiempo, les sirve a los prominentes de publicidad directa o indirecta.

Si se relaciona el contenido de estos medios de comunicación de masas con el entorno vital y los problemas reales de las masas trabajadoras, puede afirmarse, sin ningún temor a equivocarse, que poco o nada contribuyeron al conocimiento de la realidad, a dominarla y, en última instancia, a su emancipación. Los mensajes hablan de otros, transmiten la ideología de los otros, reproducen el sistema social que mantiene las posiciones privilegiadas de esos otros y, en consecuencia, fomentan y refuerzan la alienación.

Es un hecho generalmente admitido que, en los países occidentales desarrollados, la acentuada concentración de los emisores ha convertido a los receptores en meros consumidores de los productos periodísticos de los grandes consorcios de la comunicación. Las posibilidades que tienen los receptores de participar en periódicos y revistas, en la radio o en la TV, como comunicadores activos son mínimas. La libertad de expresión, allí donde formalmente existe, se limita sencillamente a la libertad de elegir entre los productos que le ofrecen dos o tres trusts de la información, o negarse a comprarlos. Cuando las masas populares, o sus organizaciones, aparecen en los medios de comunicación se presentan como perturbadores del sistema y sus acciones se valoran peyorativamente. Los trabajadores, por ejemplo, no se presentan como creadores de valores socialmente positivos, sino como creadores de conflictos. En la prensa del corazón, en las revistas femeninas o en las de programación, la realidad del mundo del trabajo brilla por su ausencia.

Existe, por tanto, un gran distanciamiento entre el pequeño grupo emisor-vendedor de productos comunicacionales y la gran masa receptora-compradora de los mismos. El acercamiento a través de la exposición de cuestiones de pretendido interés humano no es otra cosa que una burda manipulación de los intereses de las masas en beneficio de los intereses y privilegios de la minoría dominante. Las posibilidades que tienen las masas de articular, expresar y defender sus intereses a través de este sistema de comunicación son prácticamente nulas. El silenciamiento, la ocultación de información de fondo, de conocimientos básicos, hace que se transmita una imagen falsa de la realidad. La guerra "religiosa" de Irlanda del Norte pierde gran parte de su carácter religioso cuando se conoce la posición social de católicos y protestantes, por ejemplo.

La comunicación de masas, proceso objetivamente necesario de información (en su sentido más amplio de intercambio social de conocimientos) no es, por tanto, un proceso social de comprensión, de ampliación de conciencia. El uso que se hace de ella sirve, más bien, a la alienación de las grandes masas populares, a la transmisión de la ideología de la clase dominante, a la estabilización del sistema vigente. Si se tienen en cuenta las escasas decenas de quienes detectan la propiedad de los medios, de quienes deciden, forman opinión pública, la sensibilidad y el gusto, resulta, como decíamos más arriba, que lo que se suele llamar "opinión pública", es, en realidad, la opinión publicada de unos cuantos.[6]

De ahí que quien quiera analizar la crisis actual de la prensa y de la comunicación en general, quien pretenda realizar estrategias innovadoras contra la mentalidad de consumo, la explotación y la represión, debe tener en cuenta estos problemas. No en vano, los políticos conservadores valoran más la integración social a través de los medios de masas, mientras los progresistas exigen una discusión pública, crítica, basada en análisis objetivos, de las direcciones alternativas del cambio social.

Sintetizando, puede decirse que:

a) Los medios de comunicación de masas son realmente medios de producción de mensajes. Esta producción de mensajes no es inocua ni inocente, sino que la revisten unas características particulares que la convierten en un sistema capitalista de producción de mensajes.

Los mensajes del periodismo de masas producen el espacio de lo social.

A través de la producción de mensajes-mercancías se generan y articulan nuevos valores de cambio con los que los miembros de una sociedad establecen su "intercambio comunicativo", es decir, su "sociabilidad".

La producción de mensajes en el periodismo de masas es una producción selectiva.

Los medios de comunicación de masas aseguran, finalmente, la cohesión de la misma clase dominante, al menos en aquellos aspectos que son fundamentales para su dominación.

En el propio proceso de producción de mensajes se crean los **espacios de poder** tanto económicos, políticos como sociales. Quienes dominen estos mensajes dominan también esos espacios y por tanto se convertirá en la clase hegemónica de una sociedad.

b) La función de reproducción es con mucho la más importante y básica de los medios de comunicación de masas. Bajo la apariencia de la objetividad, diversidad, indiferencia e imparcialidad de la producción de los medios se es-

6. Vid. Vicente Romano, «Ocio y comunicación de masas», en *Documentación social*, mayo 1980.

conde un uso de los códigos que revela la transmisión de normas selectivas, las relaciones de poder de la sociedad o la relación de la organización con la estructura de dominio social.

Alternativas

Una de las principales características de la situación periodística actual, origen de la crisis de la prensa y de la comunicación social, reside en la **emisión privada**, sobre todo en la propiedad privada de los medios. Tenemos así que la producción y articulación de mensajes responde a los intereses de los pequeños grupos propietarios.

Para cambiar esta situación se requiere la apropiación, por parte de los consumidores, de la producción comunicativa, o sea, el control democrático de los mismos. La apropiación comunicativa y activa de la realidad pasa también por la posibilidad de articular conscientemente los intereses y necesidades de los receptores-consumidores y comunicar sobre ellos. Para ello sería necesario:

a) el acceso de las masas a la comunicación, su participación en ella como sujetos activos;

b) que los medios de comunicación social representen los intereses y necesidades (de información, comentario, esparcimiento, educación) de las masas populares;

c) la autogestión o control de los medios de comunicación por las organizaciones de las masas o sus representantes, y, en primer lugar, por los trabajadores de los medios (periodistas); y

d) la democratización tanto en la producción como en la recepción de mensajes, esto es, que el valor de cambio de los productos-mercancías de la industria de la comunicación y de la cultura pase a ser el valor de uso dirigido a la emancipación cultural y económica de las masas.

Pues, por terminar con una frase de Paulo Freire: «Hablar de democracia y callar al pueblo es una farsa. Hablar de humanismo y negar a los hombres es una mentira.»

14. La relación entre los medios y la enseñanza

Medios y enseñanza

Entendiendo, como se hace aquí, la información y comunicación como transmisión e intercambio de conocimientos, resulta evidente y justificada la preocupación por estudiar y entender las relaciones existentes entre los medios de información y comunicación y la enseñanza.

El empleo de los medios en la enseñanza y la enseñanza de los medios se ha considerado durante los últimos decenios como remedio eficaz para subsanar las deficiencias educativas y docentes que padece el mundo occidental y, en particular, los retrasos del llamado "tercer mundo". Algunas posturas demagógicas han pretendido "vender" la idea de la enseñanza de los medios como manera de solucionar el paro de los licenciados en periodismo.

La vieja pedagogía ha evolucionado hacia una "ciencia de la educación", entendida como ciencia social, con lo que se entrelaza así con las ciencias de la información y comunicación. El ejemplo más conocido en el área cultural ibeoamericana lo constituye la meritoria labor del pedagogo brasileño Paulo Freire.

Los paradigmas pedagógicos clásicos (la relación maestro-discípulo, triángulo didáctico, obediencia-disciplina, eros pedagógico, etc.) ya no bastan para aprehender la realidad social desde la perspectiva de una ciencia de la educación.[1] Al surgir nuevas formas de realidad social ha cambiado la sociedad y, por ende, los individuos. Y si no se quiere incurrir en un idealismo estéril hay que incluir en el análisis de la realidad los nuevos aspectos del cambio sociocultural.

1. Cfr. Franz R. Stuke y Michael Heiks (eds.), *Medienpädagogik. Kommunikationslehre. Einführung in medienpädagogischen Fragestellungen,* Instituto de Publicística de la Universidad de Münster, RFA (Münster, 1977).

Franz R. Stuke, estudioso alemán de la relación entre comunicación y enseñanza de los medios, opina que la comunicación es el factor decisivo en el cambio social. La comunicación se entiende como articulación de necesidades e intereses individuales y estamentales o de clase. A esta pedagogía de los medios no le importa ya contribuir a la inmunización del individuo contra los medios de masas, ni transmitir técnicas comunicativas que sólo pueden aplicarse para aumentar los déficits informativos de los perjudicados. Persigue, más bien, que se tome conciencia de la necesidad del intercambio informativo como actuación social y desarrollar estrategias para esta actuación.

Es en este plano donde puede iniciarse la cooperación entre comunicación y enseñanza.[2]

Concepciones pedagógicas de los medios

Entre la ingente bibliografía sobre el empleo de los medios en la enseñanza, especialmente la radio, la TV, el cine y el video, apenas existen visiones de conjunto que ofrezcan un resumen científico de las concepciones actuales del tema. Las pocas que hay presentan dos defectos: o bien no incluyen el espectro total de los enfoques que se han dado a esta relación medios-enseñanza, o bien se quedan en el nivel de un análisis histórico y meramente descriptivo.[3]

Pero las concepciones pedagógicas de los medios no están aisladas unas de otras, sino relacionadas entre sí, y constituyen aspectos parciales de la teoría y la práctica política. De ahí que sólo sean explicables en el marco de sus nexos políticos e históricos. La enseñanza de los medios se encuentra a caballo entre la pedagogía y la ciencia de la comunicación. De ahí que, en lo que sigue, se intente explicar la relación medios-enseñanza como un campo de tensión existente entre pedagogía y comunicación, entre sociedad y política.

La relación medios-enseñanza abarca, en términos generales, todos los esfuerzos pedagógicos que estudian el empleo de los medios técnicos o no técnicos en la enseñanza. La confusión conceptual es total en este campo, y no sólo para el profano. Se habla, por ejemplo, de pedagogía, enseñanza, didáctica de los medios, de comunicación visual, de comunicación audiovisual, de enseñanza de la comunicación, de tecnología de la enseñanza, de enseñanza audiovisual, etc.

Para establecer cierto orden en la confusa variedad de enfoques se requiere, como paso previo, establecer una clasificación de los diferentes enfoques. Esta clasificación responde a su postura ante la sociedad actual y a su actitud teórica frente a los medios. Así, resultan cuatro categorías básicas:[4]

1) Partiendo de una actitud positiva ante el sistema social y económico actual, ha surgido toda una serie de posiciones tecnocráticas tendentes a fomen-

2. *Ibid.* págs. 10-11.

3. *Ibid,* especialmente el trabajo de Leo Flamm - Hartmut Hering - Frank Wilmes, "Medienpädagogische Konzepte", págs. 15-17.

4. *Ibid.* págs. 17-18.

tar los rendimientos en la enseñanza y en el aprendizaje (aumento de la productividad). Estos enfoques persiguen la racionalización de la enseñanza y la instrumentalización de los medios en el sentido de estos objetivos.

2) Teorías que, aunque tienen una actitud positiva frente a la sociedad, parten, sin embargo, de una comprensión burguesa de la cultura y del arte y pretenden proteger a los individuos libres y autónomos de los efectos negativos de los medios.

3) Partiendo de la misma comprensión burguesa, hay enfoques que rechazan la sociedad actual y llegan al resultado de que los individuos deben recuperar su libertad y su autonomía, dada la impotencia a que se ven sometidos por la "industria de la cultura".

4) Finalmente, hay posiciones que analizan la sociedad con categorías marxistas y llegan al resultado de que el estudio de los medios y la enseñanza debe integrarse dentro de una estrategia tendente a superar la contradicción existente entre trabajo asalariado y capital.

Empleo funcional de los medios en la escuela

El empleo pedagógico de los medios es bastante viejo. Lo nuevo es el estudio científico de estos fenómenos. Los esfuerzos por incluir los medios, especialmente los medios técnicos, en la enseñanza se remontan hasta antes de la Primera Guerra Mundial. Por entonces hubo ya algunos pedagogos que pretendieron aprovechar el cine para la escuela. Sin embargo, el aprovechamiento del potencial pedagógico de los medios técnicos, incluso tras la implantación de la radio en los años treinta, no pasó de algunos ensayos esporádicos.

Esta reticencia en el empleo de los medios tal vez se debiera al escepticismo reinante frente a los efectos de los denominados "medios de masas". Pero también había una base objetiva: no era necesario desde el punto de vista económico ni pedagógico. Las técnicas de enseñanza tradicionales bastaban para cubrir las necesidades y los contenidos que había que transmitir.

La situación cambió radicalmente en los años cincuenta y sesenta con el desarrollo tecnólogico y la necesidad de satisfacer la demanda de técnicos y puestos medios de dirección. Ya no servía el sistema tradicional. Las fuertes inversiones efectuadas en el sector de la educación dieron lugar a toda una industria, conocida generalmente con la abreviatura *educom* (educación y comunicación). Se llegó así al problema de la racionalización, es decir, a la relación **coste-provecho**.

Sobre este trasfondo se acentuó en la década de los sesenta la discusión en torno a la enseñanza y a los planes de estudio como una discusión en torno a la eficacia de la enseñanza y del aprendizaje. La consideración de los medios bajo este aspecto de la eficacia, del mayor rendimiento al menor coste posible, dio lugar a lo que se conoce como "tecnología de la enseñanza", es decir, a la doctrina del desarrollo y aplicación de los medios tecnológicos en el proceso de enseñanza y aprendizaje, o sea, el empleo de materiales, medios y procedimientos técnicos en la enseñanza a fin de aumentar la eficacia.

Esta concepción implica dos cosas:

a) el empleo (existente desde siempre) de medios técnicos en la escuela, como ayuda de clase, y

b) el desarrollo de esos medios y otros esfuerzos por organizar todo el proceso docente según el modelo de los procesos técnicos, sometidos a la racionalidad, de donde se deduce que la dirección de la enseñanza se deja total o parcialmente al material técnico.

Estos dos enfoques pueden comprenderse bajo los conceptos de **tecnología "científica" y "behaviorista" de la enseñanza**.

Se entiende por tal la aplicación de los procedimientos de las ciencias naturales y los hallazgos de la ingeniería para el desarrollo de aparatos y máquinas utilizados en la enseñanza, desde el mapa o globo, hasta el cine sonoro o el miniordenador.

Ahora bien, dentro del concepto científiconatural hay que distinguir el aspecto del uso, además del de la producción. Según esto, habría que limitarse a la llamada "tecnología de la demostración", que sirve principalmente para la presentación del material docente y comprende, por ejemplo, ayudas originales, técnicas de proyección de reproducción de sonido, etc. En el filme, la radio y la televisión se trata de formas de presentación programadas, es decir, integradas en un programa.

Lo que se persigue es siempre lo mismo: una mejor ilustración del material docente y, gracias a la actualización, una enseñanza más parecida a la vida real. Ilustración, realismo, actualización y uso de los medios centrado en el maestro justifican la limitación a la tecnología de la demostración.

El **concepto behaviorista o conductista de la tecnología de la enseñanza** es mucho más reciente que el científiconatural. Proviene del desarrollo de las ciencias del comportamiento (behaviorismo) efectuado en los Estados Unidos en la década de los cincuenta e importadas a Europa diez años más tarde. Su base la constituye la psicología conductista del aprendizaje y la enseñanza apoyada en la teoría de la información. Los rasgos esenciales de este concepto son los siguientes:

— dirección de toda la enseñanza,

— control de todos los factores en el sentido de objetivos de aprendizaje predeterminados,

— subordinación a estos objetivos.

El efecto más importante de esta concepción fue la sustitución de la enseñanza personal comunicativa, referida al maestro, por la enseñanza racionalizada conforme a un objetivo, independiente del maestro. La objetivización de las funciones docentes y la posible individualización del proceso de aprendizaje deberían garantizar un mayor éxito.

Esta concepción se concretó en la creación de la llamada "tecnología de la instrucción", o también medios audiovisuales. De aquí surgieron textos programados, las máquinas de aprender, las unidades de aprendizaje multimediales, la enseñanza a base de computadoras, sistemas integrados de aprendizaje, etc. Con ello, la dirección de los procesos de aprendizaje se transfiere parcial o totalmente a los medios.

No obstante, a pesar de las promesas optimistas efectuadas por sus propugnadores, la tecnología de la enseñanza no se ha impuesto en todas partes. Las razones son diversas. Entre ellas cabe destacar:

— la insuficiente financiación del sistema de educación,

— la proliferación de aparatos prematuros y la falta de *software* (programas),

— las excesivas exigencias impuestas por la técnica a los maestros, y

— la falta de integración de los medios en los planes de estudio.

La introducción de la tecnología de la enseñanza en las escuelas ha producido numerosas críticas, a pesar de su escasa difusión y aplicación efectiva. En un principio, la crítica conservadora y pesimista de la tecnología se dirigió globalmente contra la "manipulación" y la "deshumanización" producidas a través de la técnica. Más tarde surgió, junto a la crítica marxista, el enfoque conocido como "enseñanza crítica de los medios", que parte de los presupuestos teóricos de una ciencia de la comunicación. La tecnología de la instrucción se critica como perfeccionamiento de la dirección ajena, ofreciendo una peligrosa apariencia de "objetividad" que impide la creatividad del individuo. El ejemplo más claro lo constituye, en este sentido, la industria norteamericana de la *educom* y su exportación a la mayoría de los países occidentales, especialmente a la América Latina.[5]

La tecnología de la demostración se considera como refuerzo del papel dominante del maestro. Sin embargo, la actitud ante los medios no es de rechazo total, sino que se consideran dependientes de los obejtivos del aprendizaje y de las condiciones de enseñanza. El efecto de los medios dependería entonces del contexto docente.

Educación a través de los medios

Estas reflexiones críticas han llevado a la idea de que la tecnología educativa no puede reducirse al marco de la escuela. Más bien es el contrario, forma parte de la educación de todos. Las técnicas, métodos y experiencias deben aplicarse también en el terreno de la educación permanente y en los de radio y televisión. De este modo se comentaría una educación emancipadora, la crítica y la actuación independiente de cada ciudadano.

Pero, por el momento, los medios no pueden cumplir esta tarea educativa, puesto que están demasiado integrados en el sistema político y, por consiguiente, el objetivo de elevar el nivel educativo de los ciudadanos está subordinado a los intereses de los grupos políticos y económicos.

La polémica en torno a las posibilidades de la educación a través de los medios surgió en relación con el enorme incremento del número de estudiantes habido durante la década de los sesenta y la posibilidad de aliviar la carga que

5. Véase a este respecto el excelente trabajo de Yves Eudes, *La conquète des esprits. L'appareil d'exportation culturelle americain vers le tiers monde* (París: F. Maspero, 1982).

debía soportar el sistema educativo tradicional. Quienes se oponen a la enseñanza a través de los medios de masas y tienen una actitud pesimista ante ellos se manifiestan en el sentido de que **medios** y **educación** son cosas diferentes. Arguyen que a través de los medios puede reforzarse el conformismo, favorecerse la recepción pasiva y paralizarse la fantasía creadora.

La conquista del conocimiento exige la participación activa de los educandos en el proceso de aprendizaje y los medios actuales de masas, especialmente la radio y la televisión, así como el video, que todavía está muy lejos de ser un medio de masas, condenan al receptor a una posición que lo induce a percibir los programas educativos como un programa más de entretenimiento.[6] La **acción** presupone información, pero **información** significa a menudo control de la dirección de la acción y, tal vez, nueva decisión.

La enseñanza de los medios

En la década de los setenta, especialmente en su segunda mitad, se han publicado, sobre todo, en la República Federal de Alemania, toda una serie de estudios sobre la enseñanza crítica de los medios, considerada por algunos como una especie de panacea emancipadora.[7]

Desde esta perspectiva, si se concibe la enseñanza como un proceso de comunicación, los medios, son vehículos de interacción que asumen una función comunicativa, más o menos explícita, en el proceso de enseñanza y aprendizaje. Lo innovador de este enfoque radica en su argumentación de la necesidad de la producción propia de mensajes para que el educando pueda dar expresión comunicativa a sus necesidades e intereses. Para llevar la democracia a la comunicación habría que introducir en las escuelas la enseñanza del abc de la televisión, lo mismo que se enseña a leer y a escribir, por ejemplo.

La enseñanza crítica de los medios contiene, en resumen, estos dos principales aspectos:

a) incluir los problemas actuales en la clase a través de los medios de masas, siendo, sin embargo, conscientes de que tanto el contenido como la diversidad de los medios existentes son insatisfactorios;

b) el trato y manejo directo de los medios por los alumnos y educandos a fin de lograr la coactuación y la codeterminación.

Los objetivos de este enfoque crítico, llamado también emancipador, se centran por un lado, en conseguir un **receptor crítico,** producido mediante la crítica de la ideología y el análisis semiótico, y, por otro lado, la **competencia comunicativa,** especificada generalmente como **capacidad para tomar el papel de emisor.**

Ahora bien, la crítica de la "crítica", tampoco se ha hecho esperar. Por

6. Véase el libro de Reina Reyes, *¿Para qué educamos?* (Montevideo: Ediciones Marcha, 1971).

7. El lector castellano dispone, por ejemplo, del librito de F.R. Stuke y D. Zimmermann, *Comunicación práctica* (Madrid: Pablo del Río Editor, 1978).

nobles y atractivas que parezcan estas intenciones de la enseñanza crítica de los medios, no debe olvidarse que toda enseñanza de los medios implica necesariamente una perspectiva de política comunicacional, una situación alternativa.

Todas las hermosas frases y tratados bienintencionados sobre el "receptor crítico" no dejan de ser una candidez o un desatino anarquistoide mientras a ese receptor se le haga creer o incluso se le refuerce en su creencia de que puede aumentar enormemente su autonomía a través de esa edición de "crítico". En realidad, como dice Franz R. Stuke,[8] se le prestaría un servicio mucho mayor si se le enseñara y aprendiese el papel que juega en el terreno de la comunicación de masas y que la función del receptor en el proceso de la comunicación de masas tiene muy poco que ver con autonomía y mucho con dependencia. De este modo, una vez que el receptor ha reconocido su papel en el proceso de comunicación, sólo es "crítico" consigo mismo; pues, sólo entonces puede intentar modificarla de acuerdo con sus intereses. Así, por ejemplo, lo que se denomina "trabajo activo" con el cine o con el video no dejará de ser una nueva forma de ocupación del tiempo libre mientras el "trabajador activo" no tenga bien claro que ha emprendido un importante cambio de papeles: de receptor, se ha convertido en comunicador. Ha aprendido así que los papeles puedan cambiarse.

Harry Pross, por su parte, pone el dedo en la llaga, con la fina y saludable ironía que lo caracteriza, cuando plantea como una de las tareas más urgentes de la ciencia de la comunicación investigar las relaciones entre mostrar e imitar, tal como se producen a través de los **medios técnicos.**[9] Para ello hay que partir de la premisa de que estos medios son, de por sí, una realidad separada, que puede conectarse o desconectarse cuando se quiera. Complementan la vida cotidiana y, por consiguiente, seguirán entendiéndose como juegos, de suerte que la imitación de los "gestos" transmitidos por ellos contiene un elemento de participación: representar lo que se pueda a fin de entrar uno mismo en el juego (imagen, periódico), es decir, a fin de ser mostrado.

Por otro lado, y como es bien sabido, la socialización de los jóvenes se efectúa en buena parte a través de la imitación. A través de ésta entra el novel en el juego, aprende "cómo hay que hacer las cosas".

De todos modos, a través de estas experiencias críticas puede introducirse un proceso social de aprendizaje que no se caracteriza ni por la actitud elitista ("No voy más al cine, voy al teatro o a los conciertos"), ni por el accionismo irreal ("Hay que expropiar inmediatamente a los propietarios de los medios"). Se caracterizaría más bien por el conocimiento, la conciencia de la situación real del acceso a los medios de información y comunicación y la de saber en qué ámbitos sociales se requieren y son posibles actividades comunicativas.

Es indiscutible que hay formas alternativas de aprendizaje, y si no las hay habrá que buscarlas. También lo es que la enseñanza crítica de los medios pue-

8. F. R. Stuke - M. Heiks (eds.) *op. cit.*, pág. 8.
9. Cfr. Harry Pross, *Medienforschung* (Berlín-Darmstadt-Viena, 1972), pág. 90.

de coadyuvar a la emancipación comunicativa de las capas y clases sociales menos privilegiadas.

Puede decirse con F. Dröge y N. Göbbel[10] que, en términos generales, se trata de una concepción ilustradora. Se explica cognoscitivamente a los alumnos lo que los medios de masas pueden hacerle a su conciencia, cómo la manipulan. Los objetivos de esta concepción varían, a su vez. Los alumnos pueden aprender a conocer las técnicas de manipulación y, por tanto, a protegerse de ellas, o sea, un procedimiento tradicional de trabajo docente orientado por el mensaje, o también pueden conocer el nexo global de las bases socioestructurales de la producción medial, penetrando así en la base de la manipulación, en sus intereses sociales implícitos, a fin de no ser víctimas suyas. Este alumno ilustrado y cualificado de esta manera se convierte en receptor crítico: puede juzgar, comprender, seleccionar los programas.

Es indudable que se requiere con urgencia un conocimiento amplio del sistema actual de medios. Pero es importante el contexto en que se adquieren y aplican estos conocimientos. Aislada del contexto global, la enseñanza de los medios puede convertirse en lo que ella misma critica, en ideología complementaria de los propios medios, en adaptación a lo existente. Pues, también la selección consciente presupone que hay algo de donde seleccionar. Así, lo que debe identificarse no es el modo de producción de los medios, sino los objetos de la manipulación.

Se llega así al fundamento teórico de esta concepción: la **teoría de la manipulación,** que explícita o implícitamente constituye la base del concepto ilustrador. Según ella, la televisión se considera la principal dirección y orientación de la actuación humana, la categoría central de la formación de la conciencia de las masas. Pero siguen abiertas las interrogantes acerca de cómo surgen y, sobre todo, cómo entran en la televisión las normas de dirección, el saber orientador, la ideología que debe difundir la televisión. Quedan sin explicar cómo son las contradicciones de la sociedad, contradicciones que pueden servir de experiencia y de aprendizaje a los individuos.

El procedimiento que sugieren Dröge y Göbbel es el de la crítica de la ideología. El análisis de las técnicas de manipulación no es, en el fondo, más que un procedimiento de análisis de contenido. Otra cosa sería, en cambio, un análisis riguroso y correcto de la ideología en donde los programas aparecen constituidos como forma de conciencia históricamente necesaria dentro del modo de reproducción material de la sociedad y del modo de producción de los medios. Por consiguiente, puede concluirse que lo que importa es reconstruir con los alumnos el nexo entre necesidades individuales y su forma generalizada de presentación en los medios para los consumidores. De esta forma no sólo se apropian de informaciones acerca de los medios de masas, sino que, a través de la constitución de sus necesidades y su explotabilidad por los me-

10. Cfr. Franz Dröge - Narcis Göbbel, "Kritische Medienerziehung. Kintinuität und Bruch einer konzeptionellen Entwicklung", en *Publizistik*, cuaderno 2, año 1979, págs., 188-206, cuyas aportaciones se resumen aquí en parte.

diadores públicos, aprenden a reflexionar sobre sus necesidades, y no sólo el consumo de medios, adquiriendo así la capacidad para actuar en el sentido de su satisfacción.

De este modo, **la enseñanza y aprendizaje de los medios se convierte en un principio de trabajo político.** La importancia subjetiva de los medios de masas no se debe, primordialmente, a que sean transportadores de informaciones o de entretenimiento, de experiencias ajenas o de adoctrinamiento. Constituyen más bien una parte integral de la vida del hombre y sus relaciones globales, se han convertido en un componente de la práctica vital y en un modo de producción del tráfico social de los individuos. En cuanto aparatos y programa, representan lo general de la sociedad, que no es experimentable particularmente fuera de la recepción medial. Por consiguiente transmiten una representación de síntesis social, permiten a los individuos tener una idea de su nexo social. De ahí el alto grado de determinación del consumo de medios, del consumo de televisión, por las necesidades del individuo, por sus condiciones concretas de vida y de trabajo.

Mas, como aparatos que representan una enorme concentración de capital y que a través de la venta de programas, desarrollan otras industrias, la electrónica del entretenimiento, por ejemplo, y en cuanto representantes de la síntesis social, son magnitudes políticas, elementos de la estructura de dominio social. Pues, los medios de masas sólo interpretan esta síntesis en el marco de un consenso de valor dominante, ya que de otro modo figurarían como extremistas. Este consenso no sólo es dominante, sino que también legitima y estabiliza posiciones de dominio, afirman acertadamente Dröge y Göbbel. Es decir, por principio, los medios de masas son conservadores, lo cual no significa que, en el marco del consenso, puedan ser agentes del cambio social. Las necesidades mediales del hombre se rigen, en primer lugar, por la transmisión de experiencias sociales generalizadas. Esto no afecta a la forma de estas necesidades, por ejemplo como necesidades de entretenimiento, puesto que estas formas las producen los propios medios. Pero los contenidos brotan del proceso de vida de los individuos, en el que los medios no representan más que un factor de influencia limitada. Y es precisamente a través de estas necesidades como se vinculan, por los medios, al sistema de dominio. Por eso la enseñanza y aprendizaje de los medios sólo puede ser **educación política.** Esta se entiende aquí como reconstrucción del nexo de la vida a lo largo de la producción de formas de tráfico (comunicación) social en las que los medios representan una forma, por cierto dominante, de comunicación.

Ahora bien, la formación de conciencia choca con las condiciones de violencia imperantes en la sociedad, dentro de la cual se desenvuelve toda vida individual. En este sentido no sólo hay que tener en cuenta la violencia física, sino también la simbólica, que no es menos real. De ahí la importancia de desentrañar la violencia de los símbolos sociales y la coacción que ejercen sobre el hombre.[11] Pues, el presupuesto real de la posibilidad de la educación política

11. Cfr. Harry Pross, *La violencia de los símbolos sociales* (Barcelona: Editorial Anthropos, 1983).

estriba en su superación fáctica en la práctica política organizada de los individuos al modificar y anular las condiciones de violencia. De ahí que no sea paradójico afirmar que la pretendida consecuencia de esta educación política debe ser la actuación emancipadora, modificadora de las condiciones actuales de vida y de trabajo. Como es sabido, conciencia y actuación de los individuos van por caminos muy distintos en la sociedad burguesa actual. De este modo, la conciencia puede ser inconsecuente y la actuación, inconsciente. El objetivo de la enseñanza y aprendizaje de los medios debería ser, por tanto, restituir la unidad originaria entre conciencia y acción en la vida de los individuos, o dicho de otro modo: «ayudar a crear los presupuestos subjetivos de su producción».

De aquí puede deducirse la conclusión general de que la concepción ilustradora y la competencia comunicativa no pueden ser determinaciones suficientes de la enseñanza de los medios como disciplina académica. Más bien hay que pensar que la apropiación del nexo entre experiencias individuales y colectivas, junto con su generalización en el medio, debe ocupar el primer plano del análisis. Esto no puede transcurrir únicamente por la crítica de la ideología, pues la crítica queda tan fuera del contexto vital de los alumnos como el resto del material didáctico. El consumo de medios viene alimentado en última instancia por necesidades ajenas a la comunicación.

En suma: la conciencia crítica y el consumo de medios dirigido por las necesidades no son cosas idénticas, pues éste último anula a la primera al poseer funciones objetivamente determinadas en la vida de los sujetos. No hay que olvidar, como dice L. Bisky, que los individuos acumulan sus propias experiencias en el proceso práctico de la vida, en lo que respecta a las promesas de los políticos y, por último, en lo que se refiere al valor de la publicidad, que tanto condiciona la producción de los medios.[12] La mediación entre experiencia individual y su generalización medial es muy compleja. De ahí la importancia de un concepto adecuado de aprendizaje.

En primer lugar, y en términos muy generales, el aprendizaje debe entenderse como construcción, determinada por las necesidades vitales del individuo, de jerarquías significativas que permiten la actuación, la comprensión del mundo social y su relación con él. En este sentido, el aprendizaje es una estrategia vital para el dominio de las situaciones en que se encuentre el individuo y la superación de sus necesidades.

La enseñanza y aprendizaje de los medios debe basarse en esta comprensión amplia, puesto que la comunicación social de los hombres, incluida la de los medios de masas, es un mecanismo de mediación en la construcción de jerarquías de significado. Los medios de masas, por ejemplo, se refieren siempre a experiencias y competencias adquiridas, las presuponen y las convierten al mismo tiempo en materia prima de su producción.

El aprendizaje es un proceso dialéctico de desarrollo y limitación de capa-

12. Cfr. Lothar Bisky, *Crítica de la teoría burguesa de la comunicación de masas* (Madrid: De la Torre Editor, 1982).

cidades que en la escuela se sistematiza sobre todo en el aspecto de la limitación. La teoría adecuada del aprendizaje no puede exponerse como teoría de la adquisición de saberes, sino como teoría de la constitución de la conciencia. Pero la conciencia surge como resultado de la acción y de la experiencia, en las situaciones y relaciones que configuran la vida práctica. De ahí que la enseñanza y el aprendizaje de los medios deba empezar por las condiciones reales de vida y de trabajo de los alumnos.

15. La relación forma-contenido

Forma y contenido en periodismo

El contenido es el conjunto de fenómenos, procesos y objetos de que trata la información periodística. La forma es el nexo interno y el modo de organización y presentación de esa información. El desarrollo de la forma y del contenido es el de dos aspectos del mismo fenómeno. La unidad entre forma y contenido es relativa, transitoria, y se modifica a tenor de los cambios y conflictos que puedan surgir entre ellos. El cambio de forma ocurre como resultado de un cambio en el contenido, ya que éste es el elemento rector y determinante del desarrollo. La forma nunca permanence invariable y si lo hace puede obstaculizar el desarrollo, retardarlo. La falta de correspondencia entre la forma y el contenido caracteriza tan sólo una de las contradicciones de éste último. La solución de las contradicciones entre forma y contenido depende del grado de desarrollo y de las condiciones en que se produzcan.

En el proceso de superación de estas contradicciones, en el proceso histórico del desarrollo del periodismo, raras veces se han desechado las formas viejas de manera absoluta, sino que se han modificado y aprendido a convivir con las nuevas y dominantes.

Para el periodismo, la forma característica del reflejo de la realidad es la conceptual. Una vez hecha esta afirmación, hay que aclarar en qué consiste la especificidad de la forma conceptual del reflejo periodístico de la realidad, en qué se diferencia de las formas conceptuales propias de las otras esferas teóricas del conocimiento.

Contenido, objeto y funciones determinan el carácter de lo conceptual en periodismo. Este, analiza el presente, los hechos y acontecimientos de la realidad que tienen que ver con manifestaciones concretas, opera principalmente con conceptos de un nivel de abstracción inferior al de otras ciencias. En contraste con las obras científicas, pensadas para especialistas, el periodismo y la literatura de divulgación se dirige a millones de personas de muy diversos niveles de formación. Esta circunstancia presupone que los textos periodísticos deben ser comprensibes para el lector medio.

La forma conceptual del periodismo no está reñida con la emocionalidad, sino que, por el contrario, contiene aspectos emocionales, como debe ser si se quiere presentar un problema en su plenitud. El periodismo exige concreción, el color y el sabor de la vida. De ahí que el reflejo de la realidad en forma de situaciones concretas sensibles y de generalizaciones basadas en hechos juegue un papel educador importante, como creador de opiniones, y de emociones. La emocionalidad de una forma periodística, de un artículo, una glosa, un reportaje, etc. depende mucho de la postura del autor ante el objeto que describa. El sarcasmo, la ironía, el humor, etc. reflejan la belleza de la vida humana en todas sus facetas. En la forma se objetiva el pensamiento del autor, cautiva al lector, a su entendimiento y a sus sentimientos.

Como ya se ha dicho, lo esencial, lo general, se manifiesta en lo particular e individual. Lo peculiar es lo que introduce el elemento emocional en el periodismo. La necesidad de expresar el contenido de la mejor manera posible es lo que produce los distintos elementos de la forma: el humor y la sátira, la polémica, las posibilidades estilísticas, etc.

En términos muy generales, puede decirse que:

1) El objeto, el contenido y las funciones del periodismo determinan la conceptualidad de su forma.

2) La conceptualidad no excluye la emocionalidad. El concepto es portador de información, contiene saber y conocimientos, alimentando con ellos las emociones. Está bien demostrado que las informaciones constituyen una fuente de emociones. Por eso se utilizan en todos los géneros periodísticos los recursos del lenguaje, tropos, figuras, etc.

3) Como el periodismo se distingue por su comprensión multilateral de la realidad, y tiene en cuenta el factor subjetivo, es lógico y natural que guarde relaciones recíprocas con la ciencia y con la creación artística.[1]

Evolución de las formas y estilos periodísticos

Cada mensaje periodístico formulado posee su propio estilo, resultante del carácter del contenido, de la personalidad del periodista y de las peculiaridades de los receptores. Éstos son conscientes del carácter acomodaticio y arbitrario del estilo cuando se encuentran con el mismo mensaje revestido de estilos diferentes. Cada estilo tiene que adaptarse en cada momento a la especificidad del medio y de la audiencia correspondientes, si la información quiere ser eficaz. De ahí que varíe según el tiempo, el lugar y el carácter de los receptores.

Por otro lado, existen toda una serie de técnicas periodísticas utilizadas en todas partes y en todos los tiempos. La aplicación de los tres estilos tradiciona-

1. Cfr. M. S. Verepachov, *op. cit.*, págs. 101-110.

les de la retórica clásica *(genera dicendi)* al análisis de las formas periodísticas ha producido resultados bastante satisfactorios. El fenómeno periodístico, analizado a la manera del literario, se ha podido describir mediante una detallada clasificación por géneros.[2] En cambio, los numerosos intentos por describir y explicar los contenidos periodísticos, lo que Hagemann llamaba la "estructura interna", no han sido tan productivos. En este sentido, el análisis estilístico del material periodístico ha sido menos productivo que en literatura. Los mejores resultados los ha aportado el método de análisis de contenido. Aún queda por desarrollar en el periodismo una aplicación consecuente de los últimos métodos filológicos, como los de la lingüística y la semántica.

Los medios técnicos han influido, a su vez, en el estilo tradicional de la información. Oír, leer y mirar desencadenan reacciones espirituales muy diversas. Lo mismo que la transición del periódico "hablado" al escrito supuso un cambio total de estilo, la palabra hablada de la radio vuelve a adaptarse al oyente. El lenguaje se hace más escueto, flexible, popular. Anticipa lo importante, lo fácil de olvidar, y repite lo difícil. Tal es la misión de los titulares, entradas, entradillas, etc. Hay que tener en cuenta que el lector no va a leer dos veces, y que la sucesión de impresiones acústicas también se convierte en ley para la prensa. De este modo se ha llegado a un estilo de información oriundo de la radio o del cine, como ocurre en la información audiovisual. Este estilo se caracteriza por utilizar acontecimientos visibles para designar contenidos intelectuales. Así, por ejemplo, la cámara se pasea por el entorno en cuanto el locutor empieza a hablar por la pantalla.[3]

Ahora bien, las peculiaridades estilísticas de cada medio se analizan y describen en los numerosos manuales existentes y no es éste el lugar de repetir sus aportaciones. Sí interesa, en cambio, destacar aquí algunos aspectos relacionados con la tesis fundamental de este trabajo, a saber, que el proceso de información es un proceso de ampliación de conciencia. En este sentido, hay dos aspectos de la relación forma-contenido, poco desarrollados aún, y a los que todo estudio de la información periodística debe prestarles atención creciente. Se trata de los problemas del lenguaje informativo y, por consiguiente, de los problemas de la comprensión.

Información y lenguaje

Como es sabido, la presentación y tratamiento lingüístico de la información tiene una importancia considerable para su eficacia. Así, mientras el volumen de información que puede transmitirse por los canales y medios existentes es enorme, la capacidad de los individuos para procesar y asimilar esa información es limitada. Esto implica la necesidad de presentarla en dosis y diferen-

2. Cfr. H. Lansberg, *Manual de literatura (fundamentos de una ciencia de la literatura)*, 3 vols. (Madrid: Editorial Gredos, 1967).
3. Cfr. W. Hagemann, *Grundzüge, op. cit.*, pág. 106.

ciarla según las cualidades e intereses específicos de las personas que la reciben. Toda la información periodística especializada se basa en este principio.

Por otro lado, la precisión informativa está íntimamente relacionada con su fiabilidad y con el reflejo objetivamente verdadero de los hechos y de su entorno. Surgen así, sobre todo cuando se trata de información escrita, problemas de equilibrio entre concisión del lenguaje, exposición lógica y densidad de información. Es decir, se pide que las informaciones no sean contradictorias y que el texto o espacio dedicado al tratamiento de una información sea proporcionado a la importancia de ésta.

Esto significa que el informador debe poseer un dominio poco común del lenguaje, requisito que pocos periodistas cumplen.[4] Pero, como dice Paulo Freire, el conocimiento del mundo empieza por su pronunciamiento. De ahí que valga la pena detenerse un poco en estas cuestiones.

La tesis de partida que aquí se defiende es la de que esforzarse por un estilo mejor es esforzarse por la creación de relaciones más democráticas.[5]

Relaciones más democráticas son aquellas en las que se amplía el número de personas capaces de exponer e imponer sus intereses e intenciones. Esto significa que, a partir de cierto nivel, son capaces de autogobernarse. El placer de gobernarse a sí mismo aumenta con las informaciones acerca de lo que otros hacen mal y por qué lo hacen.

Como es sabido, los periodistas suelen tener problemas con las autoridades. El buen estilo se caracteriza por su claridad. Y las autoridades no suelen estar muy interesadas por la claridad. Por lo que ésta entra a menudo en contradicción con aquéllas. El buen estilo facilita a los lectores su orientación en el mundo, como dice E. A. Rauter.

Los textos se han prohibido y se prohiben porque las palabras pueden ser peligrosas para los opresores e inquisidores de turno. La peligrosidad de las palabras radica en su fuerza de convicción, que se deriva de su concordancia con la realidad.

El estilo es la relación entre dos magnitudes: las experiencias que se reflejan en un texto y el número de palabras empleadas en él. Cuanto menor sea éste, tanto mejor será el estilo. Ésta es la razón del éxito de la lírica. La forma lírica ha sido durante muchos siglos, la más apropiada para la tradición oral. La belleza se deriva, en este sentido, de la utilidad del texto.

Cuanto más concuerde una frase con las experiencias de quien la lee o escucha, tanto más convincente será. Convencer significa inducir a alguien a adoptar una actitud que antes no tenía. Cuando se demuestra la realidad tal como es, se indica al mismo tiempo lo que hay que modificar en ella. Por eso, el texto bien escrito es aquél que presenta la realidad de un modo tan claro que

4. La incompetencia lingüística de muchos periodistas se evidencia, sobre todo, en la televisión española, que incluso se permite la *rara avis* de un locutor con dificultades de articulación. El lingüista y lexicógrafo Enrique Fontanillo dispone de una colección de errores lingüísticos cometidos diariamente por estos periodistas y es de esperar que se publique pronto.

5. Cfr. E. A. Rauter, *Vom Umgang mit Wörtern* (Munich: Weismann Verlag, 1978).

el lector reconoce en él su intereses. El buen estilo aprovecha al lector. Distingue con mayor claridad los diversos intereses. Los lectores no pueden autogobernarse si no conocen sus intereses.

La claridad del lenguaje es una condición necesaria de la información periodística y del periodista. Marx lo explicó ya en los términos siguientes:

«Uno de los problemas más difíciles para los filósofos es el descender del mundo del pensamiento al mundo real. La realidad inmediata del pensamiento es el **lenguaje.** Y como los filósofos han proclamado la independencia del pensamiento, debieron proclamar también el lenguaje como un reino propio y soberano. En esto reside el secreto del lenguaje filosófico, en el que los pensamientos encierran, como palabras, un contenido propio. El problema de descender del mundo de los pensmientos al mundo real se convierte así en el problema de descender del lenguaje a la vida».[6]

Y la información periodística trata precisamente de la vida. De ahí que las cuestiones del lenguaje y del estilo no puedan separarse del periodismo, puesto que el fin de éste es satisfacer las crecientes necesidades culturales e intelectuales de la población.

Hasta ahora, los estudios sobre lenguaje y estilo de los textos periodísticos se han limitado a establecer las características de determinados géneros, de rasgos individualistas, etc. Pero lo que influye en los receptores no es el informe o la colaboración aislada, individual, sino el conjunto de la información periodística en su continuidad temporal y en su paralelismo medial. De ahí la pertinencia de destacar aquí aspectos generales del lenguaje periodístico, más que las peculiaridades de un medio o periodista concretos. Entre estas cualidades generales del lenguaje periodístico se cuentan, como ya se ha dicho, la sencillez y la comprensibilidad. Los criterios estilísticos permiten hacer afirmaciones esenciales sobre la información periodística con independencia de sus peculiaridades mediales o genéricas.

En otro orden de cosas, el esfuerzo teórico-analítico por comprender los problemas del lenguaje y estilo periodísticos puede aportar también sugerencias a la cuestión de los principios que deben regir la formación académica de los informadores profesionales, de los periodistas.

El objetivo de estas líneas, por tanto, estriba en apuntar algunas peculiaridades del estilo periodístico y buscar sus puntos de partida esenciales. El pensamiento básico es el nexo entre determiadas formas lingüísticas y las funciones y fines de los mensajes. El análisis que sólo tome del periodismo tal o cual texto y le asigne pautas generales no puede conducir a conocimientos esenciales y útiles para el periodismo.

Diariamente, el periodismo ofrece en las noticias, informes, artículos, reportajes, entrevistas, etc., toda una serie de ejemplos, argumentos y materiales para temas semejantes. Esta propiedad del periodismo, la continuidad, tiene una influencia decisiva en la configuración del texto y debe tenerse en cuenta como un factor. Hay que preguntarse qué textos afluyen sucesiva y simultá-

6. Carlos Marx-Federico Engels, *La ideología alemana* (Montevideo, 1959), págs. 506-507.

neamente al receptor que sigue regularmente un tema. En la creación de estos textos participan varios medios y órganos y muchos periodistas que se conocen y observan, pero que producen con independencia unos de otros.

Este enfoque del planteamiento se deriva también desde otra perspectiva. Los productos periodísticos no brotan en un momento, sino que son el resultado de una planificación escalonada. Esta planificación se refiere, no sólo a la necesaria amplitud temática de la oferta, sino a la continuidad de los complejos temáticos fundamentales. Este factor de la continuidad apenas ha tenido eco aún en los análisis y trabajos teóricos sobre el lenguaje y el estilo.[7]

El texto periodístico tendrá que seguir analizándose como texto cerrado y también como parte de un conjunto de textos.

Desde el punto de vista de la elaboración interesa la influencia de la forma característica del lenguaje en la fuerza de los argumentos. El periodismo, tal como aquí se concibe, persigue transmitir saberes ciertos, estimular el pensamiento, fomentar el deseo de conocer. De ahí la importancia de la argumentación.

Los factores que determinan la fuerza demostrativa de la información periodística son: 1) la esencia y función del periodismo, tal como se indica más arriba; 2) la relación del periodismo con los receptores; 3)la persona del periodista. Estas dos últimas deben reconocerse claramente en el texto, y su realización varía según los géneros.

No es éste el lugar para detallar los rasgos estilísticos de cada género, pero sí se van a destacar, a título de ilustración en dos de ellos: la noticia y el comentario.

Para indicar los rasgos esenciales de la "noticia" se suele decir que debe ser impersonal, directa y escueta. Todo ello es cierto. Pero si la economía de palabras se exagera hasta el punto de que la comprensión de la información condensada en unas cuantas palabras exige un gran esfuerzo de concentración y reflexión por parte del lector o radioyente es muy posible que esa información se pierda en gran parte. La razón de esa pérdida no está en la incapacidad lingüística del periodista sino en sobrestimar la capacidad de recepción y asimilación de los receptores. El principio estilístico, por tanto, no debe ser el máximo de economía de palabras, sino el máximo de comprensibilidad. O sea, que en el grado de elaboración de una información para los receptores se expresa también la relación con éstos.

En el género "comentario", en cambio, esos mismos factores de la argumentación conducen a otros principios estilísticos. Aquí, la relación periodista-receptor es determinante, ya que no puede olvidarse que se trata de decir algo aunque en forma escrita, para alguien a quien se pretende convencer de determinados argumentos o puntos de vista.

Así que, mientras el estilo de la noticia requiere, como principio rector, la

7. Cfr. Tan sólo, *Theorie und Praxis des sozialistischen Journalismus*, 1-76, febrero 1976 (Leipzig).

comprensibilidad directa, en el comentario predominan las **formas individualizadas de expresión.**

La exigencia de individualización de la expresión periodística se evidencia en los trabajos efectuados para la radio y la televisión. Cuando el periodista se oye o se ve no concibe un texto sin referencia personal al autor. El receptor oye o ve hablar a una persona y, naturalmente, espera una forma de expresión similar a las que conoce. Una formulación puramente teórica, edificada sobre expresiones terminológicas, sin emocionalidad ni sentimientos, produce el efecto de increible. De ahí que, como se dijo más arriba, en el periodismo escrito aparezcan también elementos característicos del periodismo de radio y televisión, especialmente esa aproximación al lector.

En suma, puede decirse que las cuestiones de los géneros, de la disposición, ordenación, redacción, presentación, selección de ejemplos, generalización, procedimiento dialéctico, etc., tienen mucha importancia, pero no bastan como criterios por sí solos.

La consecuencia de estas reflexiones para la formación de los periodistas es que, además de conocer y aprovechar las posibilidades de los géneros periodísticos, deben adquirir también formas variadas de expresión y dominar los matices emocionales del lenguaje para llegar a la posesión del estilo periodístico. Por lo que respecta a los periodistas activos, por el contrario, se trataría del conocimiento teórico de la singularidad de la exposición periodística y la necesidad de traducir los argumentos teóricos en productos periodísticos dirigidos al receptor y con el sello del autor.

Dicho en otros términos: personalizar la producción periodística y reducir el anonimato, o sea, humanizarla.

El problema de la emocionalidad

Si el lenguaje se entiende como medio de comunicación, hay que plantearse entonces su rendimiento y eficacia informativos. Los aspectos de la influencia los incluía la retórica clásica en el *genus sublime*, en el *movere*, o sea en el arte de mover los sentimientos, de influir en ellos. La lingüística distingue dos grandes tipos de comunicación, según las intenciones del emisor: la información y la activación. Activar, en este sentido, significa influir conscientemente en el receptor a fin obtener un cambio cualitativo y/o cuantititativo en sus sentimientos. De ahí que en el lenguaje haya que distinguir dos factores: la intencionalidad y el comportamiento dirigido por la conciencia.

La emocionalidad, desde la perspectiva comunicacional, es la participación sentimental del emisor en el mensaje, o sea, una componente que depende del sujeto que comunica. La emocionalidad es una componente importante de la acción recíproca entre argumentación y lenguaje. Expresada a través del lenguaje, presupone un autor que se siente afectado emotivamente por el contenido seleccionado por él, y que sabe explicar sus sentimientos, por medio del lenguaje a sus lectores, oyentes o telespectadores. La emocionalidad presupone un contenido que el receptor siente de forma parecida.

En el periodismo, la emocionalidad está vinculada con : el contenido de la información, la personalidad del periodista, el lenguaje, los receptores, la situación en que se produzca la recepción. Lo emocional no existe "en sí", sino en relación con las personas. Los sentimientos expresan la relación, la postura del hombre ante el mundo que lo rodea, etc. La emocionalidad permite reconocer también la· valoración de un objeto o acontecimiento determinado. El lenguaje no sólo denota, también connota.

Por lo que respecta a los distintos medios, parece que el periodista de prensa es el que tiene más dificultades para explicar su emocionalidad a los receptores, puesto que sólo dispone de la palabra impresa. El periodista de radio o televisión aprovecha la irradiación de su voz, de la mímica, gestualidad, música, ruido, imagen. Ambos tienen más posibilidades de influir en las reacciones emocionales de los receptores, puesto que con frecuencia salen del anonimato y son audibles y/o visibles.

No obstante, la selección del vocabulario debiera ser determinante en todos los medios a la hora de suscitar reacciones emotivas en los receptores. La selección de las palabras, que depende esencialmente de la intención periodística y del género, viene también predeterminada según que el tema sea explicativo, informativo, narrativo, objetivo, humorístico, etc., es decir, según apunte a determinadas reacciones del receptor. De donde se deduce que éstos también debieran codeterminar la selección de los necesarios medios lingüísticos.

A grandes rasgos, los periodistas diponen de términos con una fuerte carga emocional, incluso fuera de contexto, especialmente en el campo sociopolítico (secuestro, tortura, etc.). El riesgo del empleo excesivo de estas palabras está en que se desgastan por el uso y pierden su eficacia emotiva. De ahí que el periodista deba esforzarse en concretar su información. No es lo complejo ni lo distanciado lo que aumenta la comprensibilidad y eficacia emocional de un texto, sino lo sencillo y próximo. En términos generales puede decirse que el ejemplo, el detalle, puede inducir más al receptor a la simpatía, y a la solidaridad que la exposición abstracta.[8]

El problema de la comprensión

A lo largo de esta exposición se ha apuntado, de forma más o menos explícita, que la información debe ser comunicable, es decir, comprensible y aceptable por la persona que la recibe. Información, en sentido estricto, significa comunidad de argumentación lógica.[9] Informar significa hacerse entender como periodista. Los profesionales de la información periodística debieran tener en cuenta que la inmensa mayoría de sus lectores, oyentes y telespectadores no tienen más que una formación de escuela primaria, y muchos adultos, ni si-

8. Cfr. H. Beth y H. Pross, *Einführung in die Kommunikations-wissenschaft* (Stuttgart-Berlín-Colonia: Kohlhammer, 1976).

9. Crf. *Theorie und Praxis des sozialistichen Journalismus, op. cit.*

quiera eso. Según K. Jaspers, si la información quiere propagar su contenido, debe adoptar una forma comprensible, fácil de retener, sencilla, y utilizar la técnica de la difusión.[10]

Se reconoce que la comprensibilidad ocupa una posición clave en el proceso de información periodística, por ser un punto de partida y factor decisivo para su eficacia. Se sabe que las instituciones periodísticas, especialmente los medios de masas, son para la inmensa mayoría de la población los únicos transmisores y mediadores del saber social, una vez terminada la escuela, la formación profesional e incluso la universidad.

Sin embargo, la pregunta sobre si los receptores entienden realmente las informaciones que les ofrecen los distintos medios apenas se ha suscitado. Los escasos estudios empíricos efectuados en este sentido son muy recientes. Desde hace apenas unos años se vislumbra cierto interés teórico por el problema de la comprensibilidad. Lo curioso es que los conocimientos que se han adquirido, no se han aplicado y que la investigación avanza a paso de tortuga. Parece como si en vez de fomentar la ampliación de la conciencia se pretendiese mantener la ignorancia. Desde luego, donde más se ha avanzado e investigado la cuestión de la comprensibilidad ha sido en Europa.

A fin de conocer mejor la cuestión de la comprensión de la información y su importancia decisiva, conviene saber qué esperan los receptores de los medios, cómo se entienden las noticias y cuál es el estado actual de la investigación en torno al tema.

Los estudios efectuados acerca de las demandas de los lectores de prensa demuestran que éstas varían por lo que respecta al contenido político. Werner Früh, que ha hecho un estudio bastante riguroso acerca de la demanda y el juicio de los lectores,[11] llega a las conclusiones que a continuación se resumen:

El lector desea, en cuanto tal, una información amplia y diferenciada. Lo curioso es que justamente las personas con mayor nivel educativo (estudiantes universitarios) se niegan a aceptar que los hechos complejos se presentan de forma compleja. Piden textos informativos, pero insisten, más aún que los no universitarios, en que la presentación sea clara, sumaria y concisa. Prefieren la claridad a la belleza estilística.

Los que no son universitarios son diferentes. Necesitan un estímulo adicional para soportar la lectura amplia y también estimulante para ellos. Se interesan menos por los temas políticos y por eso hay que activarlos con recursos estilísticos formales y contenidos más emocionales. Aunque la emocionalidad no es para ellos un valor absoluto.

La conclusión a la que llega W. Früh es que si el periodista quiere hacer llegar informaciones políticas complejas a lectores con un nivel intelectual elevado, debe renunciar a los recursos estilísticos siempre que redunden en perjuicio de la información, la claridad y la precisión. Pero si escribe para el ciu-

10. Cfr. Karl Jaspers, "Werden wir richtg informiest?, *op. cit.* pág. 29.

11. Cfr. Werner Früh, "Leseranspruch und Leserurteil", en *Publizistik*, Heft 4, año 1978, págs. 319-336.

dadano medio debe cuidar de que sus textos sean diferenciados, estilísticamente atractivos y con cierta "dinámica interna". Si lo consigue, los no universitarios también leerán y juzgarán positivamente los artículos políticos complejos.

Cabe que para el periodista experimentado no suponga nada nuevo esta constatación obtenida por métodos empíricos. Pero sí debe ser nuevo para muchos periodistas saber la gran importancia que conceden todos los lectores a la configuración formal de los textos periodísticos.

El investigador norteamericano Elihu Katz se hace eco de la preocupación europea por los problemas de la comprensión de las noticias y le ha prestado cierta atención.[12] Katz se plantea las preguntas siguientes:

1) ¿Existen grupos sociales que no entienden realmente los informes visuales y verbales sobre lo que pasa a su alrededor?

2) ¿Contribuyen realmente los medios de masas, y no sólo la televisión, a que los hombres entiendan lo que pasa a su alrededor? ¿Ayudan al público a relacionarse entre sí las distintas noticias? ¿Aportan algo al diálogo y a la formación de la opinión pública?

3) El tercer punto es la cuestión de la socialización de los jóvenes y lo que éstos podrían hacer para una mejor comprensión de las noticias.

4) Por último propone que también colaboren los periodistas y se pregunten si *ellos* entienden las noticias. Aquí sugiere que para una mejor comprensión examinen su propio trabajo.

Quienes critican la presentación de las noticias suelen olvidar que la comprensión es tanto un problema de codificación como de descodificación.

La mayoría de los europeos siguen regularmente las noticias a través de la prensa, la radio y la TV. A pesar de ello, no entienden los conceptos más sencillos. El 50% de los finlandeses no sabe que el Parlamento promulga las leyes del país. Una encuesta realizada entre la población rural española puso de manifiesto que el 87% ignoraba el significado de "consenso", el 81% el de "inflación", el 63% el de "Mercado Común", y el 61,5% el de "autonomía".[13]

En general se constata que aproximadamente la mitad de los receptores con educación primaria desconocen los conceptos básicos que los redactores dan por sabidos, y que tan sólo se recuerdan dos o tres (de unas 15) noticias después de una emisión. También se ha constatado que la imagen apenas mejora ese recuerdo. A ello hay que añadir la incompetencia lingüística de la mayoría de la población para elaborar conscientemente las noticias de la televisión. Pero el 65% de la población española tiene como medio exclusivo de información la TV.

Como es sabido, la televisión, más aún que los otros medios, trata el presente inmediato, separándolo del pasado y del futuro. De este modo arranca de su contexto, no sólo las noticias, sino también a las personas que las miran.

12. Cfr. Elihu Katz, "Das verstehen von Nachrichten", en *Publizistik*, Heft 3, año 1977, págs. 359-370.

13. Cfr. V. Romano, "Comunicación y crisis cultural", en *Argumentos* nº 47, 1982.

Prescindiendo incluso del contenido, la fugacidad de la imagen televisiva amenaza precisamente la conciencia del pasado.

En opinión de E. Katz, la rigurosa separación entre noticia y opinión no contribuye a que el lector o telespectador comprenda mejor. Concuerda, igualmente, en que la forma mejor y más eficaz de comunicación social es la conversación. Los estudios demuestran que las personas que pasan su tiempo libre con amigos o suelen conversar con ellos están mejor informados. De sus propias investigaciones efectuadas en EE.UU. deduce Katz que la palabra es predominante en las noticias televisivas y que no se sabe exactamente qué es lo que aporta la imagen.

De todo esto se concluye que la comprensión de las noticias presupone ciertos conocimientos previos. La introducción de la enseñanza de los medios en las escuelas, por ejemplo, dotaría a los niños y jóvenes de una actitud más distanciadora y crítica. Estos conocimientos no sólo facilitarían la comprensión, sino que plantearían nuevas exigencias a los productores de información. De ahí que la profesionalización del periodismo necesite, no sólo una base científica para la formación académica, sino también para la investigación.

Razón por la que es pertinente saber, aunque de forma somera, cuál es el estado actual de la investigación en torno a la comprensibilidad.

Los trabajos más completos por lo que respecta a la comprensión de la información periodística se deben a Peter Teigeler.[14]

La mayoría de los estudios se ha centrado en la comprensibilidad de textos escritos, pero la información se transmite también por multiples sistemas de signos. Desde el punto de vista del contenido, la investigación se ha planteado estas dos preguntas:

a) ¿Qué es lo que hace comprensibles los textos, o, cómo se hacen textos comprensibles?

b) ¿Cómo se determina o cómo se mide la comprensibilidad de los textos?

Conforme al nivel actual de la investigación hay que tener en cuenta los puntos siguientes, si se quiere producir textos comprensibles:

1) ordenación del contenido,
2) estructura externa,
3) formulación sencilla,
4) aclaración,
5) motivación.

Estos puntos de vista pueden definirse con más detalle.

14. Cfr. Peter Teigeles, *Verständlichkeit und Wirksamkeit von Sprache und Text* (Stuttgart, 1968); y, *Verständlichkeit für jedermann* (Karlsruhe, 1979); así como su artículo "Zum gegenwärtigen Stand der Verständlichkeitsforschung", en *Publizistik*, Heft 3, año 24/1979, págs. 337-343.

Ordenación del contenido

a) ordenación objetiva
b) ordenación psicológica

— a lo sumo cinco puntos temáticos.

— lo conocido / sencillo / general antes que lo desconocido / complejo / especial

— lo interesante e importante que lo aburrido y trivial,

— las acciones y los acontecimientos en sucesión correcta.

La «aclaración» viene determinada por los rasgos concretos siguientes:

Aclaración

a) la repetición	*b) datos concretos*	*c) más explicaciones*
— con palabras	— hechos concretos	— explicación detallada
— con otros signos	— ejemplos concretos	— informaciones adicionales
— resumen		

El futuro de la investigación de la comprensibilidad radica, paradójicamente, en su aplicación. De nada sirven los conocimientos científicos que se obtengan si no se aplican en la práctica. Su aplicación, empero, está muy lejos de responder al nivel actual de lo que se ha averiguado.

La gente sigue sin entender las explicaciones sobre el "modo de empleo" de muchos aparatos que se compran. Los políticos tienen dificultades para que el pueblo comprenda sus ideas. Los medios de masas difunden noticias incomprensibles y sin conexión ninguna. Y la élite intelectual, los profesores y científicos dan el mejor ejemplo: nada les parece más científico que un trabajo incomprensible. Véase, a título de ilustración un ejemplo de formulación de U. Eco, especialista en comunicación, para colmo: "Cuando el lector se encuentra ante un lexema no sabe qué propiedades o semas del correspondiente semema deben actualizarse para poder realizar los procesos de amalgama". Lo que, traducido a castellano de a pie podría decirse así: cuando el lector se encuentra ante una palabra no sabe qué rasgos de su significado debe tomar para sumarlos y comprender el significado global.[15]

He aquí un nuevo campo profesional, el del profesional de la información que, con ayuda del lenguaje y de la imagen conduce a la gente a la realidad, a fin de que se puedan enfrentar a ella mejor de lo que lo han hecho hasta ahora: el especialista en hacer comprensible la información.

Sirva este capítulo para destacar la necesidad de prestar más atención teórica al proceso de producción y elaboración de información periodística. Mientras el proceso de recepción se ha estudiado hasta en sus más mínimos detalles, aún queda mucho por averiguar acerca del trabajo de creación periodística. De ahí la creciente preocupación internacional por la formación científica de los especialistas de la información, los periodistas, cuestión a la que se dedica el capítulo siguiente.

15. Cfr. V. Romano, "Incomunicación con Eco", en *Argumentos* n.º 46, 181.

16. La formación científica de los informadores

Necesidad de la formación científica

La exigencia de la preparación científica de los futuros periodistas es cada vez mayor, tanto a nivel de los diferentes países como en el plano de los organismos internacionales.

En la República Federal de Alemania, donde el status científico de los estudios de periodismo está sólidamente consolidado desde hace tiempo, se ha celebrado durante estos últimos años una profunda discusión en torno a la enseñanza del periodismo y de la comunicación. En ella han participado todos los centros académicos, los profesionales más destacados de los medios, las instancias gubernamentales, e incluso los sindicatos. Fruto de estas discusiones son toda una serie de reflexiones, propuestas y reformas tendentes a elevar, no sólo la calidad de la enseñanza, sino el nivel científico de los futuros comunicadores, informadores y mediadores del conocimiento social.[1] La discusión científica de esta cuestión aún no se ha planteado en España, adonde algunas cosas suelen llegar con retraso.

Aquí, en este trabajo, se pretende romper una lanza en favor de elevar el status científico de los estudios de periodismo, de la preparación científica de los informadores españoles.

En la fase actual de intensa concentración que atraviesan los medios de información, la movilidad profesional, el status social y la seguridad en el puesto de trabajo depende también de la calidad de la formación. Asimismo la creciente complejidad y diferenciación existentes en los campos profesionales exigen la elevación del nivel de formación periodística.

1. Cfr. La revista *Publizistik*, cuadernos 3-4 de 1974 y 1-2 de 1975, dedicado a esta problemática; así como el libro de Jörg Aufermann y Ernst Elitz (ed.), *Ausbildungswege zum journalismus*, Opladen 1975; y el de Thomas Gruber, *Die Ubernahme der journalistischen Berufsrolie* (Nurenberg 1976).

Por otro lado, la creciente cientificación de todas las esferas de la vida es una razón fundamental para desarrollar el estudio científico por parte de los futuros profesionales de la comunicación. Es cierto que, como dice J. H. Knoll,[2] el periodista se convierte cada vez más en mediador del progreso científico, en divulgador que está en condiciones de traducir los conocimientos científicos a un lenguaje comprensible para los profanos. Si se hiciese un estudio comparativo entre el lenguaje de los periódicos y las revistas, por ejemplo, a lo largo de un período bastante extenso, se vería que en los últimos años se han introducido muchos conceptos y temas científicos en la información diaria. Por afectar personalmente a las condiciones diarias de vida, se espera que los medios difundan informaciones científicas que sean útiles para la vida cotidiana. Entre ellas están las cuestiones de la ecología, economía, educación, tecnología, etc. Las encuestas realizadas apuntan un interés creciente por la información en las esferas de la política social, económica y educativa, mientras se reduce el interés por los deportes y se estabiliza al entretenimiento.

Las circunstancias que acompañan la creciente cientificación y las informaciones científicas por los medios de masas son las mismas en todos los países desarrollados. Los informadores profesionales de estos países, y los de los menos desarrollados, tienen una gran responsabilidad social en este sentido. A ellos les incumbe la noble tarea de difundir los conocimientos y resultados científicos, de seleccionar la información, de efectuar su codificación lingüística, en suma, de ampliar la conciencia de la población.

A medida que se eleve el nivel de conocimientos de los receptores, debe aumentar también la versatilidad y el conocimiento científicos de los emisores. La adquisición de estos conocimientos se antepone, incluso, a la formación práctica, predominante aún en la mayoría de los centros académicos y escuelas de formación. Para Pross, por ejemplo, el periodismo objetivo y crítico sólo es posible si se domina el método crítico y una disciplina especial. Aufermann y Elitz, por su parte, opinan que, además de los conocimientos específicos de su profesión, el periodista debe poseer también cierto grado de competencia en las ciencias sociales y en la ciencia de la comunicación. De este modo estaría capacitado para reconocer y juzgar la transcendencia y las consecuencias sociales de su actuación profesional.[3]

En términos generales, puede suscribirse la afirmación de Knoll de que el desarrollo de los medios de información periodística refleja la creciente cientificación mediante un periodismo diferenciado. El estudio académico especializado puede satisfacer la preparación científica. Pero el saber especializado no basta por sí solo. La profesión periodística, más aún que las demás, requiere otras cualificaciones no menos importantes. Entre ellas cabe destacar, como puede deducirse de todo este trabajo: la capacidad crítica e investigadora, la capacidad lingüística para comunicarse con el receptor e interesarlo, un repertorio de habilidades casi artesanales que deben adquirirse con la práctica.

2. Joachim H. Knoll, "Publizistikwissenschaft in Spannungsfeld von theorie und Praxis", en *Publizistik*, Heft 3-4 año 1974 y 1-2 año 1975, págs. 241-255.

3. J. Aufermann y E. Elitz, *op. cit.*, pág. 244.

Parece existir también consenso acerca de la necesidad de liberar periódicamente a los trabajadores de la información a fin de permitirles la asistencia a los centros académicos y ponerse así al día en los últimos logros científicos de su quehacer profesional. Las instituciones académicas deberían reorganizar, por tanto, sus planes de estudio y organizar cursillos para periodistas. Pero esto implica una actuación política que no conciba la información como privilegio adicional de un grupo de intereses, sin como derecho básico de toda la población.

Pero, dadas las condiciones actuales de producción en la información periodística parecen escasas las posibilidades de empleo de periodistas altamente cualificados y preocupados por la emancipación social. La ley que impera en la industria de las conciencias es la misma que en el resto de las industrias: la del beneficio. Y la adaptación a las opiniones dominantes, es decir, a las opiniones de quienes controlan lo que se dice, se valora y paga más que la actitud crítica. Pero la creación de una opinión pública consciente y crítica, como propugnan tantas Constituciones democráticas, exige la transparencia periodística de los intereses vinculados a la información.

Por una política de información

La creciente complejidad de las relaciones sociales y los intereses contradictorios, sobre los que tienen que informar los periodistas, refuerza la exigencia de la cientificación de las profesiones periodísticas. No obstante, aunque la problemática de la información se percibe como una necesidad social y académica, los programas de los diferentes partidos políticos apenas se refieren a ella. La falta de una política de información es más que evidente. Sí existe «una lucha permanente por el acceso a los medios institucionalizados de la información periodística en la prensa, la radio y la televisión (política de medios)».[4]

Ahora bien, si se define la información, en el sentido de Pross, como proceso reductor de la ignorancia, o, como se entiende aquí, como ampliación de conciencia, es evidente que toda política es, hasta cierto punto, política de información. Si se presupone el acceso a los medios, hay que tener en cuenta, al menos, cinco usos políticos de la información:

1) Se difunde información para propagar conocimientos.

2) Se retiene información para mantener la ignorancia.

3) La información se canaliza para conseguir la identificación de un determinado grupo de receptores con un emisor.

4) La información es desplazada por comunicaciones que no amplian los conocimientos porque esas comunicaciones no pueden reducirse.

5) O no concuerdan con las capacidades y posibilidades de los receptores.[5]

4. Harry Pross, *La violencia de los símbolos sociales*, enero 1983, pág. 34.
5. Ibid, pág. 136.

Es evidente que la única política de información científicamente digna es aquella que favorece la difusión de los conocimientos, la ampliación de la conciencia de la población. Es, asimismo, evidente que cualquier política de información debe incluir la mejor formación científica posible de los futuros profesionales del periodismo.

Propuesta de un plan de estudios universitarios

El modelo de plan de estudios que a continuación se especifica no tiene mayor pretensión que la de contribuir modestamente a enriquecer la discusión y organización de los estudios académicos del periodismo y de la comunicación social. Se ha elaborado y puesto en práctica en la Universidad de Münster, RFA, *alma mater* del autor de este trabajo. En la conciencia plena de que las condiciones socioculturales de Alemania y España son muy diferentes, su inclusión aquí se justifica por la convicción de que el conocimiento de lo que hacen los demás no puede sino contribuir al mejor conocimiento de uno mismo.

Modelo de Münster, RFA

En el semestre de verano de 1974/75 se inició en el Instituto de Publicística de la Universidad de Münster (RFA) la experimentación práctica de un nuevo plan de estudios, producto de un Seminario organizado durante el verano de 1974 para tal fin.

Fundamentalmente, el nuevo plan de estudios exige de los estudiantes de Publicística que:

a) se ocupen críticamente del Plan;

b) expresen de palabra o por escrito su opinión sobre el mismo;

c) y/o participen activamente (por ejemplo como tutores) en su realización, desarrollo o revisión.

Quien siga esta exhortación podrá confirmar pronto que el marco formal del Plan está estructurado de un modo tan flexible que se dan casi todas las posibilidades de contenido (incluso las que exceden y modifican el marco).

I

El pensamiento básico del nuevo Plan de Estudios es que todo estudio universitario debe estar relacionado con las profesiones deseadas en el sentido de que el estudiante debiera aprender a reflejar las condiciones y consecuencias sociales de estas profesiones, y de este modo, abrirse a las posibilidades de actividad profesional que van más allá de la ejecución tecnológica de un trabajo y de los inherentes criterios formales de rendimiento. Este objetivo general de aprendizaje debe alcanzarse sobre todo,

a) mediante la inclusión de experiencia, prácticas profesionales, en el estudio.

b) mediante el conocimiento de las posibilidades de acción de la ciencia.

c) mediante la práctica de modelos de acción y forma de trabajo solidarias.

II

El campo profesional sobre el que se levanta el estudio de la ciencia de la publicística y de la comunicación abarca esencialmente los cuatro ámbitos de la producción (*a*) y organización (*b*) de la Publicística y de la Comunicación, así como la producción (*c*) y mediación de la Ciencia de la Publicística y de la Comunicación.

En el Plan se cubren estos ámbitos con cuatro direcciones correspondientes dentro del Plan de Estudios, a saber:

a) Ciencia de la Comunicación (epistemología, metodología, etc.)

b) Teoría de la Comunicación (grupo, organización, sociedad, etc.).

c) Teoría de los Medios (prensa, radio, TV, etc.)

d) Instrucción en los Medios (uso, crítica de los medios, etc.).

Este sistema didáctico y práctico debe servir sobre todo de orientación y decisión a estudiantes y profesores del Instituto de Publicística. Al mismo tiempo permite bastante margen para efectuar correcciones, es decir, permite una orientación flexible del estudio y la profesión. "Flexible" significa aquí no sólo adaptación necesaria, sino también innovación deseada. Esta flexibilidad es inalienable en el sentido del objetivo de aprendizaje mencionado más arriba; pues, *a*) en la práctica se entrecruzan muchas veces los cuatro ámbitos mencionados, *b*) todo estudio debe corresponder a la realidad y necesidad de una gran movilidad profesional, y *c*) el propio campo profesional debe problematizarse científicamente y, en caso necesario, modificarse mediante la actividad político-profesional.

Finalmente, en el plan de estudios hay que tener en cuenta que el estudio universitario de la publicística sólo puede terminarse académicamente si además se estudian otras dos asignaturas adicionales. La elección de estas dos asignaturas adicionales (dentro de las posibilidades previstas en los planes de estudio vigentes en la Universidad) debe estar relacionada con la dirección del estudio elegida en el Instituto de Publicística para el que, dado el caso, se consultará con un profesor.

III

Para que al principio del estudio en el Instituto de Publicística sea posible la elección, al menos profesional, de una dirección, se organizan cursos obligatorios de orientación en los que debe ofrecerse una visión general de las posibilidades de estudio y trabajo pertinentes al campo científico de la publicística y la comunicación. Además de introducir los conceptos y problemas centrales de la asignatura, estos cursos de orientación deben complementarse con prácticas en las que los estudiantes deben familiarizarse con las técnicas de trabajo o métodos científicos que corresponden a su decisión provisional de emprender un estudio o una profesión. Estas prácticas deben preparar la inclusión más temprana posible de experiencias (profesionales) propias en el estudio, esto es, equipar a los estudiantes con la "herramienta" que necesitan para dar los primeros pasos en la profesión. Estas prácticas deben terminarse en el tercer semestre. Hasta entonces se ofrecen clases complementarias en las que se transmiten experiencias profesionales de "primera mano" y se simulan en laboratorios, juegos, etc.

Las experiencias e informaciones acumuladas deben discutirse y, dado el caso, generalizarse en el semestre siguiente, donde hay que aclarar, sobre todo, el nexo epistemológico entre experiencia y abstracción. De esta reflexión colectiva y crítica, los estudiantes deben obtener criterios para la confirmación o corrección de su elección de estudio o profesión. Con esta decisión se concluye la fase básica del estudio como base de orientación, motivación, introducción práctica, conocimientos de los campos y reflexión crítica de experiencias profesionales, fase de la que también forma parte el ejercicio del trabajo y aprendizaje científicos, individualmente y en grupos, solo y bajo la supervisión de tutores.

IV

Quien haya aprobado las cuatro etapas mencionadas de la fase básica, puede pasar a la fase principal, llamada también "fase de proyecto", porque, a ser posible, todas las direcciones y clases se subordinan en esta fase a la preparación, ejecución y valoración de amplios proyectos. En el seminario de preparación del proyecto pueden abordarse, por ejemplo, experiencias problemáticas de la praxis de la fase básica, plantearlas en nexos teóricos de explicación y examinar su valor para la disposición y argumentación de un proyecto. Tras decidirse por tal proyecto, se esbozan las estrategias para la solución del problema que deben realizarse durante el semestre siguiente en el marco de las posibilidades de actuación práctica. La realización del proyecto sólo puede efectuarse en un segundo curso práctico. En contraste con el primer curso práctico, debe abordarse bajo puntos de vista específicos (cuestiones, objetivos, estrategias), resultantes de los temas y tesis del proyecto correspondiente. Los resultados de esta práctica deben analizarse acto seguido en un seminario de valoración del proyecto y discutirse críticamente con la pretensión teórica del proyecto, su disposición y organización, así como las estrategias, métodos y técnicas empleados. De la diferenciación resultante de esto, según los aspectos y problemas individuales, saldrán suficientes tesis y temas para que los estudiantes concluyan de un modo autónomo y cualificado sus estudios (M.A.), por medio de exposiciones de proyectos individuales y colectivos.

En la fase de graduados trabajan independientemente en tesis doctorales aquellos estudiantes que tienen un interés científico particular, tesis doctorales en las que, por ejemplo, pueden abordarse y profundizarse teóricamente proyectos de la fase principal. Los estudiantes de la fase principal y de graduados proporcionan además los tutores para los cursos de la fase básica".[6]

6. Para más detalle véase *Publizistik*, 1974-75, págs. 512-516, así como *Kommunikationswissenschaft in Münster 1919-1982*, Münster 1982. La traducción del modelo es del autor de este trabajo.

PLAN DE ESTUDIOS DE PUBLICÍSTICA DE LA UNIVERSIDAD DE MUNSTER - R.F.A.

	Semestres	Tipo de seminario	Función	Dirección del estudio de publicística a) Ciencia de la comunicación	b) T.ª de la comunicación	c) T.ª de los medios	d) Educación en los medios
Fase básica	1	Curso de orientación	Introducción al estudio y profesiones	(Epistemología) Teoría Metodología	Sociedad, organización, grupo	Prensa, radio, TV, cine, etc.	Uso de los medios, crítica de los medios
	2	Curso de métodos	Introducción a formas prácticas de trabajo	Documentación, descripción, análisis	Planificación, dirección coordinación	Producción de laboratorio	Didáctica de medios
	3	Praxis 1	Conocimiento de campos	Estudio dirigido	Juego de simulación	Praxis de medios (con curso adjunto)	Situaciones pedagógicas de medios
	4	Curso de reflexión	Crítica de campos	Teorías y métodos: comparación	Simulación y realidad comparadas	Laboratorio y praxis comparados	Modelos pedagógicos de medios: comparación
Fase principal	5	Curso teórico	Preparación del proyecto	Intereses y conciencia de problemas	Planificación y praxis	Ideología y producción	Curriculum: objetivos, medios, teoría del aprendizaje
	6	Praxis 2	Ejecución del proyecto	Estudio, recolección de datos	Campaña	Praxis de medios	Praxis pedagógica de medios (preescolar, escolar, educación para adultos)
	7	Curso de análisis	Valoración del proyecto	Análisis, crítica de teoría y medios	Control del éxito y crítica del plan	Análisis de la experiencia, crítica, crítica del plan	Control del éxito y crítica de modelo
Fase de graduados	8	(Trabajo de licenciatura)	Exposición del proyecto				
	9 y ss.	Tesis doctoral	p. ej.: Continuación del proyecto				

Bibliografía

Observación previa

Gracias precisamente al desarrollo de la tecnología de la información y del procesado y almacenamiento de datos, hoy día es sumamente fácil y rápido obtener un listado de bibliografía sobre cualquer tema. Lo único que se requiere es pedirlo al centro de datos por ordenador y pagar el tiempo utilizado. El autor de este trabajo no ha seguido este procedimeinto. Considera mucho más útil ofrecer al interesado por los temas del periodismo, tal como aquí se entiende, una bibliografía selectiva que sirva de orientación al estudiante y al estudioso.

Se han seleccionado, preferentemente, libros en castellano, de autores españoles y europeos antes que norteamericanos. La bibliografía norteamericana se conoce bien, por lo general, y'es la que suele estar al uso en los centros de estudios, tanto españoles como latinoamericanos. De ahí que hayamos incluido únicamente los trabajos de los estudiosos más críticos de los EE.UU., que también los hay, aunque aquí se conozcan menos. Ese es el sentido de incluir una pequeña bibliografía norteamericana crítica.

El criterio básico ha sido incluir los trabajos que destaquen los aspectos reflexivos de la información periodística. En este sentido, Europa tiene más cosas que decir que los EE.UU., donde, en cambio, se han desarrollado más los trabajos empíricos. El autor de este trabajo se considera incluido dentro de esta corriente de reflexión, debido tal vez a su formación académica alemana. No obstante, sus nueve años de docencia universitaria en Norteamérica le han permitido conocer *in situ* la producción norteamericana. La selección bibliográfica que aquí se hace, debe orientar al estudiante hacia alternativas que generalmente apenas se mencionan en los textos y estudios tradicionales.

Bibliografía general

AFANASIEV, V.: *Social Information and the Regulation of Social Development*, Progress Publishers, Moscú 1978.

BERRIGAN, FRANCES I.: *Manual sobre los medios de comunicación social en relación con la población y el desarrollo*, UNESCO, París 1978.

BISKY, LOTHAR: *Crítica de la teoría burguesa de la comunicación de masas*, Ediciones de la Torre, Madrid 1982.

BUSTAMANTE, ENRIQUE: *Los amos de la información en España*, Akal, Madrid 1982.

CALVO HERNANDO, M.: *Periodismo científico*, Paraninfo, Madrid 1977.

CASASÚS, JOSEP MARÍA: *Ideología y análisis de los medios de comunicación*, Dopesa, Barcelona 1972.

COHEN-SEAT, G. y GOUGEGROLLAS, P.: *La influencia del cine y de la televisión*, FCE, México 1961.

CORDÓN, FAUSTINO: *Pensamiento general y pensamiento científico*, Ayuso-Anthropos, Madrid 1976, Barcelona 1982.

Desafío a la desinformación, Editora política, La Habana 1980.

DORMIB, S. y MELLADO M.: *La revolución informática*, Salvat, Barcelona 1981.

ENZENSBERGER, H. M.: *Elementos para una teoría de los medios de comunicación de masas*, Anagrama, Barcelona 1972.

ESTEBAN, J. de: *Por una buena comunicación democrática*, F. Torres, Valencia 1976.

EUDES, YVES: *La conquête des esprits. L'appareil d'exportation culturelle américain vers le tiers monde*, F. Maspero, París 1982.

FAGES, J. B. y PAGANO, Ch.: *Diccionario de los medios de comunicación*, F. Torres, Valencia 1978.

FICHY, P.: *Las multinacionales del audiovisual*, G. Gili, Barcelona 1982.

FINKELSTEIN, SIDNEY: *El antihumanismo de McLuhan*, Akal, Madrid 1975.

FRASER BOND, F.: *Introducción al periodismo*, Ed. Agora, México 1974.

GOMIS, LUIS: *El medio media. La función política de la prensa*, Seminario y Ediciones S.A., Madrid 1974.

GORDON CHILDE, V.: *Sociedad y conocimiento*, Ediciones Galatea Nueva Visión, Buenos Aires 1958.

GROSS, BERTRAM: *Friendly Fascism. The new face of power in America*, M. Evans and Co. Inc., New York 1980.

HAGEMANN, WALTER: *Grundzüge der Publizistik*, 2.ª edición, enriquecida con comentarios críticos por H. Prakke y W. B. Lerg, Verlag Regensberg, Münster (Westf.) 1967.

HELLER, ÀGNES: *Para cambiar la vida*, Crítica, Barcelona 1975.

HILLS, G.: *Los informativos en radiotelevisión*, IORTVE, Madrid 1981.

HOLZER, HORST: *Sociología de la comunicación*, Akal, Madrid 1976.

MCBRIDE, SEAN: *Un sólo mundo. Voces múltiples. Información y comunicación en nuestro tiempo*, FCE, México 1980.

MAESTRE ALFONSO, J.: *Medio ambiente y sociedad*, Ed. Ayuso, Madrid 1978.

MATTERLART, A.: *La comunicación masiva en el proceso de liberación*, Siglo XXI Ed., Madrid 1973. 2.ª ed. 1977.

MATTERLART, A.: *Multinacionales y sistemas de comunicación*, Siglo XXI, México 1977.

MANDER, JERRY: *Cuatro buenas razones para eliminar la televisión*, Gedisa, Barcelona 1981.

MARX, K. y ENGELS F.: *La ideología alemana*, varias ediciones.

MEDVEDEV, ROY: *La democracia socialista*, Ed. Francisco Aguirre, Buenos Aires-Santiago de Chile 1974.

MORAGAS SPA, M.: *Teorías de la comunicación*, G. Gili, Barcelona 1981.

ORTIZ, LOURDES Y DEL RIO, PABLO: *Comunicación crítica*, Pablo del Río Editor, Madrid 1977.

PAZ, IDA: *Medios masivos, ideología y propaganda imperialista*, Cuadernos "Unión", La Habana 1977.

PRAKKE, H., DRÖGE, F. W., LERG, W. B. y SXHMOLKE, M.: *Comunicación social. Introducción a la publicística funcional*, Akal, Madrid 1977.

PROSS, HARRY: *Estructura simbólica del poder. Teoría y práctica de la comunicación pública*, G. Gili, Barcelona 1980.

PROSS, HARRY: *La violencia de los símbolos sociales*, Anthropos, Barcelona 1983.
RICHEL, ANDRÉ: *Contribución al estudio del desarrollo humano*, Ed. Ayuso, Madrid 1971.
RISPA MÁRQUEZ, R.: *La revolución de la información*, Salvat, Barcelona 1982.
ROMANO, VICENTE: *Los intermediarios de la cultura*, Pablo del Río Editor, Madrid 1977.
STUKE F. R. y ZIMMERMANN, D.: *Comunicación práctica*, Pablo del Río Editor, Madrid 1978.
TAUFIC, CAMILO: *Periodismo y lucha de clases*, Akal, Madrid 1975.
VÁZQUEZ MONTALBÁN, M.: *Las noticias y la información*, Salvat, Barcelona 1975.
VÁZQUEZ MONTALBÁN, M.: *La palabra libre en la ciudad libre*, Gedisa, Barcelona 1980.
VÁZQUEZ MONTALBÁN, M.: *Historia y comunicación social*, Bruguera, Barcelona 1980.
WEILL, GEORGES: *El periódico*, UTEHA, México 1979 (2.ª edición, 1.ª ed. 1962).

Bibliografía crítica norteamericana

ARONSON, J.: *The Press and the Cold War*, Beacon Press, Boston 1973.
ARONSON, J.: *Packaging the News*, International Publishers, New York 1971.
COHEN, B. C.: *The Press and Foreign Policy*, Princeton University Press 1963.
La relación y los problemas inherentes a la elaboración de la información política extranjera.
FRIENDLY, F.:*Due to Circumstances Beyond Our Control*, Random House, 1967.
La lucha por buena información documental televisiva, escrito por el antiguo director de los informativos de la cadena CBS.
JOHNSON, N.: *How to Talk Back to Your Television Set*, Atlantic-Little Brown, 1970.
Comentario crítico por el miembro más destacado de la Federal Communications Comission.
KRIEJHBAUM, H.: *Pressures on the Press*, Thomas Y. Crowell Co., New York 1972.
MCGAFFIN, Y KNOLL, E.: *Anything But the Truth*, Autman 1968.
Cómo el gobierno pretende manejar la información.
MINOR, D.: *The Information War*, Hawthorn 1970.
El conflicto entre los medios de comunicación y el gobierno, con énfasis en la información radiada.
PHELAN, J.: *Communications Control*, Sheed & Ward 1969.
Motivos y estructuras de la censura.
SCHILLER, H.: *Los manipuladores de cerebros*, Buenos Aires 1974 y Gedisa, Barcelona 1982.
SCHILLER, H: *El imperialismo USA en la comunicación de masas*, Akal, Madrid 1977, G. Gili, Barcelona 1978.
SCHILLER, H: *Who Knows: Information in the Age of the Fortune*, Norwood, New Jersey 1981.
SELDES, G.: *Never tire of Protesting*, Lyle Stuart 1968.
Resumen de la carrera de un periodista norteamericano.

Índice onomástico

Índice general

Colección Ciencias Sociales

Títulos publicados:

1. R. García Cotarelo (comp.), *Introducción a la teoría del Estado.*

2. F. Hernández, F. Mercadé (comp.), *Psicología, Sociología y Psiquiatría. Un manual de ciencias de la conducta para profesionales de la salud.*

3. A. de Blas Guerrero (comp.), *Introducción al sistema político español.*

4. V. Romano, *Introducción al periodismo. Información y conciencia.*

5. Pablo Lucas Murillo (comp.), *Sistemas políticos contemporáneos.*